本当は大切だけど、誰も教えてくれない算数授業50のこと

Kuroda　Yasufumi
黒田 恭史 著

明治図書

はじめに

　大学教員になり，小学校現場の先生と共同研究をする機会をもつようになって19年目となった。

　30代前半のころ，小学校現場に伺わせていただいた際には，教育の大先輩である校長先生，教頭先生，研究主任の先生になめられないよう，必死で自身の数学教育の理論を構築し，研究授業で取り上げられる単元の数学的背景を事前に学習したうえで，本番を迎えるようにしてきた。事後の研修での私の話はすべて録音し，帰途の電車で繰り返し聞いた。自身の言葉の稚拙さに，いつも落胆していた。

　40歳を過ぎたころからは，小学校の先生が算数を指導する際，何に悩んでおられるのかに興味がわくようになってきた。自身に少し余裕が出てきたのであろう。

　すると，先生方からの悲痛な声が私の耳に届くようになった。「自力解決の時間に手が動かない子どもにどう対応すればよいかわからない」「ヒントカードを渡しても効果がない」など，定番とされてきた算数の授業スタイルの中で苦悩されている先生方の声が，私のもとに数多く寄せられるようになった。

　また，「数図ブロックのときにはできるのだけれど，ひっ算になるとできない」「とんでもない答えを書いていて，それを指摘しても，ピンとこない子どもがいる」など，指導方法にかかわる悩みも同時に届くようになった。

このころ，ICTが発達したことも手伝って，子どもたちの授業でのつまずきを，小型のカメラやビデオに撮って，研究授業後の研究会で大画面に映しながら先生方と一緒に討議することができるようになった。そのことは，これまでの算数指導における定石を，いったん横において，ビデオに映る子どもの事実から研究をスタートすることにつながっていった。

　そして，手探りではあったが，互いに本音を出し合うことから，新しい指導のアイデアは意外と数多くわき出してくるようになってきた。

　本書は，そうした小学校の先生方と一緒になって産み出してきたアイデアを，50のエッセンスにまとめたものである。したがって，万能薬とは言えないけれども，先生方が日々の算数の授業で困っておられる際には，何らかのヒントを与えることができるのではないかと期待している。

　これまで，数多くの小学校の先生方といっしょに研究させていただいたが，とりわけ京都府の八幡小学校，西本梅小学校，大阪府内の山田第三小学校の先生方には，本当に多くのことを教えていただいた。

　そして，このジャンルの書籍の執筆が初心者であった私に対して，明治図書の矢口郁雄氏には，根気強く，また一から十までを教えていただいた。感謝の言葉しかない。

2017年1月

黒田　恭史

はじめに

第1章
授業づくりの基本にかかわる6のこと

❶算数授業をよくするための5つの学習規律 …………010
❷「なぜ算数を学ばないといけないの?」と問われたら…014
❸子どもは「できる」が先で「わかる」が後 …………016
❹低学年の授業は45分を15分×3回と考える …………020
❺先生には学習指導案,子どもには学習案 …………022
❻算数が苦手な子どもに共通する3つのこと …………024

第2章
数と計算の授業にかかわる17のこと

❼数と計算指導の3つの要点 …………028
❽数の学習は生まれたときから始まっている …………030

❾10までの数の分解と合成が重要なわけ …………………034
❿数図ブロック操作による３種類のひき算方法…………038
⓫数図ブロック操作と筆算との間には大きな溝がある…042
⓬九九の６，７，８の段をなるべく早く指導する………046
⓭答えから九九を見直すと新たな発見がある……………050
⓮わり算が難しい３つの理由………………………………054
⓯３桁×２桁のかけ算には13回も計算が必要……………058
⓰１の位から計算しない小数の計算………………………062
⓱小数のわり算のあまりはそう簡単に理解できない……066
⓲答えの見積もりは４年生からでは遅い…………………070
⓳答えを見積もる力は１年から系統的に育てる…………072
⓴分数が難しい３つの理由…………………………………076
㉑分数にはたくさんの顔がある……………………………080
㉒異分母分数の計算はたし算・ひき算の方が難しい……084
㉓分数のわり算は中学校数学への橋渡し…………………086

第３章
量と測定の授業にかかわる９のこと

㉔量と測定指導の３つの要点………………………………092
㉕ものさしを使わない必然性を生み出す…………………094

㉖長さ指導で本当に大切な３つのこと……………………098
㉗目に見えない量としての重さ……………………………102
㉘時刻と時間が難しい３つの理由…………………………106
㉙角度が360°なわけ………………………………………110
㉚実は重要な面積感覚………………………………………114
㉛速さの学習は１年から始まっている……………………118
㉜２つの量から新しい量をつくる…………………………122

第４章
図形の授業にかかわる９のこと

㉝図形指導の３つの要点……………………………………126
㉞立体図形の仲間分けに込められた重要な指導事項……128
㉟色板ならべに含まれる２つの重要な算数的要素………132
㊱ものさしとコンパスを上手に使うコツ…………………136
㊲２つの三角定規を使いこなすコツ………………………140
㊳作図には予測が不可欠……………………………………144
㊴図形の合同や拡大・縮小で大切にすべきこと…………148
㊵見取図から立体を正しくイメージするのは意外に難しい…152
㊶まわりくどくてもよいので文章を書かせる……………156

第5章
数量関係の授業にかかわる9のこと

㊷数量関係指導の3つの要点 …………………………………… 160
㊸低学年で伴って変わることを指導することの意味 ……… 162
㊹反比例のグラフはどうして曲線なのか ………………… 166
㊺いろいろなグラフを使い分ける理由 …………………… 170
㊻実は大事な不等号 ……………………………………… 174
㊼式にはどんな種類があるのか …………………………… 178
㊽文字には2つの意味と3つの役割がある ……………… 180
㊾グラフの特徴を示す2種類の数字 ……………………… 184
㊿実際にデータを分析するときのコツ …………………… 188

第1章

授業づくりの基本にかかわる6のこと

算数授業をよくするための5つの学習規律

　先生ならば誰もが，よい授業をしたいと思っています。

　授業を通して，子どもたちが「わかった」「できるようになった」という姿を見ると，本当に自分のことのようにうれしくなります。

　小学校では，算数の授業時間数は国語に次いで多いので，わかる喜びやできるうれしさを，数多く体験させることができる教科と言えます。

　その一方で，算数が苦手であったり，嫌いであったりする子どもが多いことも事実です。先生の努力がなかなか実らず，先生も子どももお互いつらい思いをすることになります。

　こうした状況を，魔法のように一気に解決することのできる方法はありません。しかし，少しずつでも改善するための地道な方法はいくつか存在します。その有効な方法の1つに，学習規律の育成があります。

学習規律とは，**算数にかかわらずすべての教科において，学習に向かううえでの先生と子どもの積極的な態度や行動のルール**を意味します。

　具体的には，授業開始のチャイムが鳴った瞬間に，子どもが席に着いており，机の上は整頓され，準備物が用意されている状態を指します。また，先生の机の上も整理され，掲示物，板書計画，プリント類が準備された状況を指します。

　授業時間内でも学習規律は重要です。友達の発表をしっかりと聞くこと，自信を持って発表すること，静かに考えたり作業したりする時間を大切にすることなど，当たり前のことを学級全体で守ることの大切さを，先生は最初に繰り返し伝えていただきたいと思います。

　学習規律が育成されたクラスの授業は成功しますし，そうでないクラスの授業は失敗します。

　算数の内容をどれだけ工夫して準備してきたとしても，先生の話を聞くことができていなかったり，準備物を忘れたり，なくしてしまったりしていては，せっかくの工夫が台無しになってしまいます。

　ここで改めて，学習規律の育った学級には，どのような共通項目があるのでしょうか。

　以下では，それを5つに整理してみました。

①時間に対して機敏であること
②準備物に対して過不足ないこと
③自分に自信をもち，友だちに敬意をもつこと
④話し合いにルールがあること
⑤静寂を大切にすること

　①の時間に関しては，45分間の授業の１分たりともむだにしない，そして45分内に絶対終わるという姿勢が重要です。

　授業では，どうしても最初の先生の話が長くなり，最後の方が時間切れになってしまう場合が多いですので，先生の単純で明確な指示・提示を心がける必要があります。

　糊の貼り付け作業などでは，作業時間に個人差が出やすいと思いますが，**作業の遅い子どもをしっかりと励まして皆に追いつかせることが大切**です。ここで，長い時間待ったり，できていない子どもを置き去りにすると，その後で，何倍もの時間をかけて補習しなくてはならなくなります。

　②の準備物に関しては，学習が苦手な子どもほど，それを忘れてしまっていたり，落としてしまったりします。それを想定して，**作業のスタートラインをしっかりとそろえるための手立てを**，事前に考えておく必要があります。

　学習が苦手な子どもは，スタートで出遅れ，指示を聞くことができず最終的に失敗してしまうので，怒るのではな

く励ます形でサポートすることが大切です。

　③の自分に自信をもたせるためには，算数ができる，わかるという体験を積ませてあげることです。これに勝る方法はありませんので，低学年からしっかりと自信をつけさせてあげてください。

　また，友だちに敬意をもつには，自分への自信がつくことが不可欠です。**自分に自信がつけば気持ちに余裕が生まれ，友だちを素直に受け入れる気持ちがわいてきます。**

　④の話し合いにルールをもたせることは，自分への自信と友だちへの敬意があれば意外とスムーズに行きます。

　特に育てたいのは，聞く側の態度です。どうしても1人で言い切ったという状態で終わりがちなので，聞く側にマニュアルなどをもたせ，**よかったこと1つ，がんばってほしいこと1つを返せるようになれば，話し合いの質が高まります。**

　⑤の静寂を大切にするということは，子どもが問題などに取り組む際の集中力を持続させるということです。

　時折，こうした静寂の時間であるにもかかわらず，先生が子どもたちに声をかけてしまうことがあります。その結果，静寂が崩れ，集中していた子どもも，集中が切れてしまいますので，**まずは先生が静寂の時間を大切にする意識をもってください。**

「なぜ算数を学ばないと いけないの？」 と問われたら

　国語と算数は，小学校の主要教科とされており，学力調査でも，この２つの教科の成績が重視されます。

　では，なぜ国語と算数が，それほどまでに重視されるのでしょうか。
　それは，主に国語の内容が，人と人とをつなぐものであり，算数の内容が，人とものとをつなぐものだからです。

　私たちは，「言葉」を用いて，他者とコミュニケーションを取ることができます。
　もちろん，ジェスチャーや顔の表情などによって，ある程度のコミュニケーションを取ることができますが，複雑な内容になると，言葉でないとうまくいきません。
　言葉は，人と人とをつなぐ大切な道具であり，基準なのです。

　一方，私たちは，**「数，量，図形」などを用いて，ものの特徴を知ることができます。**

筆箱の中にある鉛筆の特徴を考えるとき，それがどの程度入っているのかを調べる際には，数を用いて「5本」というように特徴を示します。

　また，鉛筆の長さを測って，長い鉛筆から順に並べたりすることもできます。

　さらに，鉛筆の形が六角柱であったり，色鉛筆の場合は円柱であったりと，図形の考えを用いて分類することもでききます。

　このように，数，量，図形は，人とものとをつなぐ大切な道具であり，基準なのです。

　通常の算数の授業では，算数のもつ重要性や意義をあまり意識することなく，教科書の順に沿って授業を行っています。

　しかし，時には少し立ち止まって，子どもたちが算数を学ぶ意義を考える姿勢をもつとよいでしょう。

　子どもたちが，この算数の授業によって学んだ内容が，ものの特徴の解明や深い観察にどのような効果があるのかを，「人とものとをつなぐ算数」という視点から，考えてみてはいかがでしょうか。

3 子どもは「できる」が先で「わかる」が後

　特に低学年では,算数において「わかる」よりも「できる」が先行する傾向にあります。

　低学年の子どもたちは,理屈はあまり理解できていなくても,記憶することに非常に長けているので,歌のように10の分解と合成,九九などの算数の基礎を,頭の中に蓄えていきます。

　これは算数だけにとどまることではなく,ひらがな,カタカナ,漢字など,教科の基本となる用語も,短い期間に一気に記憶していきます。

　もちろん,歌のように覚えた数の順序などは,ほとんど意味を考えることはできてはいません。九九ですら,テンポに合わせて子どもたちは歌っているような感覚をもっています。

　その意味で,小学校の算数では,次の図のような学びのピラミッドがあると考えられます。このピラミッドは,子どもの学びが,下から順に上に向けて行われていくことを示しています。

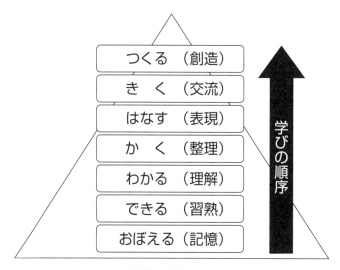

理解のピラミッド

　以下，この図のそれぞれの項目について説明します。
　「おぼえる（記憶）」は，数字の並びや図形の名称を覚えるなど算数を学習するうえでの基礎的な事項を指します。

　「できる（習熟）」は，計算が正しくできる，コンパスで円をかくことができるなどの技能的な内容を指します。

　「わかる（理解）」は，計算の仕組みがわかる，平行な関係を見つけだすなどの構造の把握的な内容を指します。

　「かく（整理）」は，理解したことをノートなどに整理して書くことができるなどの記述的な内容を指します。

「はなす(表現)」は，記述した事柄を順序立てて言葉で表現するなどの表現的な内容を指します。

「きく(交流)」は，互いの意見を出し合い，議論するなどの交流的な内容を指します。

「つくる(創造)」は，学習した内容をもとに，児童自らが問題を創り出すなどの創造的な内容を指します。

もちろん，この順序は算数で扱う内容によっても若干順序が変わる場合もありますが，およそはこの順序で子どもたちは学習していくと考えられます。

重要なことは，ピラミッドの下の方のしっかりとした土台があってこそ，上の方の高度な学習が可能になるということです。最近では，表現する力や交流する力が教育の中で重視されていますが，土台があってこその活動だということを意識しておく必要があります。

また，算数の授業では，特に「できる」と「わかる」を同時に求めようとする傾向があるように思います。
「できる」だけでは十分ではなくて，「わかる」ようになって初めてその内容を習得したことになると言われるため，算数が苦手な子どもにとっては，かなりのプレッシャーを感じることになります。

実際のところ、「できる」ことすら精一杯の子どもに、「できるだけではだめで、わかるようにならないと」と言うと、子どもは一気にやる気を失ってしまいがちです。

　では、どうすればよいのでしょうか。
　算数が得意な子どもに、「できる」と「わかる」を一緒に求めても問題ありません。

　しかし、算数が苦手な子どもには、まず「できる」を求めてください。**少しぐらい意味を理解していなくても、何度か練習をして、「私はできるようになった」という自信をつけさせることが重要**なのです。

　そして、十分に自信がついた段階に来てから、「わかる」を求めるようにしてください。このときも、最初からあまり詳しい説明は禁物です。大人からすると、「これぐらい詳しく説明しないと、正確に伝えたことにならない」と感じたとしても、子どもからすると、説明が詳しすぎて混乱してしまう場合が少なくありません。

　特に低学年では、**十分な説明になっていないと感じる程度で、ちょうどよいぐらいの場合がある**ので、子どもの顔色を見ながら、適切な分量を調整して説明を行う習慣を心がけてください。

低学年の授業は
45分を15分×３回
と考える

　通常，小学校の授業は１年でも６年でも，45分となっています。

　しかし，低学年では，なかなか45分の集中が続かないということが指摘されています。正直なところ，入学したての子どもたちに，45分，静かに椅子に座って授業を受けさせるということは，かなりハードルの高いことだと思います。

　では，どうすればよいのでしょうか。

　実は，低学年の場合，ベテランの先生は，45分をおよそ３つに分割して，15分×３回という枠組みで授業を計画していることが多いのです。

　もちろん，**45分という全体の枠組みは変えずに，15分経つと意図的に内容や活動を変化させる**ということです。

　中学年になると，45分を２つに分割して，20分×２回＋５分という枠組みへと変えていきます。

　そして，高学年では45分全体を連続でとらえる枠組みへ

と変えていきます。

　これらは,テレビ番組などにおいて,低学年の子どもがよく見るアニメであれば30分枠で,15分一話完結のものを２つ視聴するのとよく似ています。
　そして,高学年ともなると,ドラマなどの１時間番組を好んで視聴するようになるわけです。

　15分×３回を意識するようになると,１つの枠組みの中での先生の話を短く単純なものにしようとする意識が働くようになります。
　実際,**低学年の子どもは,１回の先生の話の中に複数の指示が入ると,なかなか正しく聞き取って活動に移ることができません。**

　したがって,低,中学年の授業を計画する際は,時間の枠組みを意識することと,先生の指示を短く単純にすることの双方が連動して,授業がうまく構成できるようになるのです。

　もちろん,高学年になれば,１回の先生の話の中に,複数の指示を少しずつ取り込んでいき,複雑な状況にも対応できる力を身につけさせていく必要があります。

先生には学習指導案，子どもには学習案

　先生は毎日の授業を行う際，学習指導案をもとに授業を行います。

　学習指導案には，研究授業などで使用する細案や，通常の授業で使用する略案などがあります。いずれも，授業を進めていくうえでの羅針盤ですので，これを目安にしながら，子どもの状況に応じて授業を軌道修正していきます。

　また，研究授業などであれば，その後の反省会で，学習指導案の内容は適切であったのかといったことが議論されます。

　先生の手元にある学習指導案に沿って授業は進められますが，子どもの手元には，そうした45分間の計画は示されていない場合がほとんどです。

　もちろん，「今日はどんな楽しい場面を先生は提示してくれるのだろう」という期待をもって授業に取り組める子どもは問題ありませんが，45分間の集中が続かない子どもは，気持ちが散漫になりがちです。

　すると，子どもの視線は教室の時計に向きがちです。

「あと何分で授業は終わるんだろう…」と時計をチラチラ見たりします。

これを打開する１つの方法は，子どもに学習案を示すことです。学習案とは，**学習指導案の要点だけを，子どもにわかる言葉で書いたもの**です。

大した準備はいりません。授業開始時に，黒板の端に以下のように記すだけでよいのです。そして，一番大事な学習に取り組む「時刻（例：11：45）」だけを書きます。

　復習問題
　１問目（みんなで）
　２問目（自分で）　←　11：45
　練習問題（５問）
　振り返り

このようにして，授業の計画を先生と子どもが共有するようになれば，子どもたちも授業の担い手としての意識が高まってきます。そして，**「ここまでやりきれば，今日の授業は終わる」**という安心感にもつながります。

「先生，もう少し急がないと，授業の最後まで行かないよ」といった言葉が子どもたちから出てくるようになれば，授業はさらによくなっていきます。

算数が苦手な子どもに共通する３つのこと

　算数が苦手な子どもには，授業場面において，共通する３つの特徴があります。

　１つめの特徴は，**「自分で考えましょう」と言っても，「何もしない」，あるいは「何もできない」状態に陥りやすい**ということです。

　本人は，何とか解決しようと努力しているのですが，手が止まったまま時間だけが経過してしまいます。先生はヒントカードを渡したり，個別指導で対応しようとしたりするのですが，短時間ではなかなか解決に至りません。
　おそらく，何をどこから手をつければよいのか，あるいは何をしなくてはいけないのかが，よくわかっていないように見受けられます。また，少しでも間違ったら恥ずかしいという恐怖感をもっている子どもも少なからずいます。

　２つめの特徴は，**周囲の友だちを見て，やたらと線を入れたり切ったりする**ということです。

自分のアイデアがないので，となりの子どもが図形に線を引いたりするのを横目で見て，「同じようにすれば解答にたどり着ける」という淡い期待のもとで作業をしているのです。

　もちろん，無計画，無方針なために，関係のない線を引いたり，必要以上に線を引いたりすることが少なくありません。

　あるいは，はさみで切ってしまって，先生がその子どものところに行ったときには，図形が切り刻まれた状態になってしまっていて手遅れ，という場合もあります。

　自分の考えが不確かで，他人の考えを真似したり，思いつきの行動になってしまったりしているところに原因があります。

　3つめの特徴は，**先生が近くに行って間違いを指摘すると，瞬く間にすべて消しゴムで消す**ということです。

　たった1か所のミスであるにもかかわらず，すべて消しゴムで消して，一から始めようとします。間違うことがはずかしかったり，間違いから学ぼうとする姿勢が育っていなかったりすることに原因があります。

　また，先生がその子どものところに行くと，ノートに書いた式や答えを手で隠す子どもがいます。これも，間違うことの恐怖から来る，とっさの行動です。

このように，算数が苦手な子どもは，間違うことや，他の子どもと違うことをすることに極度の恐れをもっています。そして，いつもドキドキした気持ちの状態で，授業を受けています。
　これでは，先生の話をしっかりと聞いたり，自分でじっくりと考えたりする活動にはつながりません。

　では，どこから変えていけばよいのでしょうか。
　まずは先生の授業の進め方から検討していく必要があります。学級内に，上記の傾向をもつ子どもが2人以下の場合は，個別に対応してあげることで解決可能です。

　一方，3人以上いる場合は，授業のはじめの段階での説明や指示を，より具体的なものにしていく必要があります。
　つまり，「今まで習ったことを使って，自分なりに工夫して，この問題を解いていきましょう」といった指示は，抽象的すぎるということで，今まで習ったことは何であり，どのように工夫するのかについても，具体的なやり方を先に説明する必要があります。

　すべての算数の授業を，このような構成にする必要はありませんが，算数への自信がついてくるまでは，しばらく，具体的なやり方までを説明してあげる必要があるといえます。

第 2 章

数と計算の
授業にかかわる
17のこと

数と計算指導の３つの要点

　数と計算指導の要点は，次の３点にまとめることができます。

①**それぞれの数について，その特徴や関係を理解させる。**
②**それぞれの数について，四則計算の意味を理解させ，計算できるようにする。**
③**数と計算の考えを用いて，現実場面の問題を解くことができるようにする。**

　重要なことは，①から③までをバランスよく配置して，指導計画を立てることです。

　①の数の特徴や関係については，整数，分数，小数などの数を，学年が上がるにつれて学習していきます。
　最初に，それぞれの数の特徴を理解し，続いて，数同士の関係について理解します。

　具体的にいうと，整数の特徴とは，0，1，2，3，…

と必ず次の数字が1つ決まっていることです。

　分数の特徴とは，分母と分子のように数を上下に書いて大きさを表すことです。

　小数の特徴とは，0.1の次に大きい数が決まっていないことです。

　また数の関係としては，小数の中に整数が含まれることや，分数から小数，小数から分数へ置き換えることができることなどがあります。

　②の四則計算については，それぞれの数における，たし算，ひき算，かけ算，わり算の意味を理解し，計算方法に習熟することです。

　特に意味理解が難しいのが，小数のかけ算，わり算，異分母分数のたし算，ひき算，かけ算，わり算です。

　③の現実場面の問題については，絵や文章で示された問題から，必要な数値や情報を抜き出して，式を立て，答えを求めるということです。

　特に難しいのが，絵や文章の意味を正しく理解して，式を立てる段階です。現実場面の問題では，算数だけでなく，国語の力も重要になってきます。

数の学習は
生まれたときから
始まっている

　1年の算数の主たる内容は，数の学習です。

　子どもは，ノートの大きなマスに数字の「1」を書き，それを「イチ」と読むことを知ります。子どもにとっては，1マスに1つの数字を書くことや，算数は横書きで書くことなど，全て新鮮な気持ちで取り組むことになります。

　ただし，現在の日本の多くの子どもは，小学校に入学する前から数多くの数字を目にしており，その読み方も，ある程度知っています。

　「お名前は？」とともに，「お歳はいくつですか？」という問いは，幼児に最も多く投げかける言葉かけの1つです。

　また，かくれんぼの遊びや，お風呂につかる時間などに数を唱えることは，幼児が無意識のうちに算数に触れる絶好の機会です。

　さらに，デジタル時計やTVゲームの中では，数字が当たり前のように登場します。

このように考えると，**小学校に入学する前から，数に対するある程度の知識が身についている**ことが予想されます。

では，数はどのような段階を経て理解が深まっていくのでしょうか。

数字の「1」を「イチ」と読んだり，正しく書いたりする前の段階において，数に関する基礎的な体験が必要となります。この段階を経ないままにいきなり数を学んだとしても，その理解は不十分なものになります。

数を学ぶうえでの様々な基礎的体験にはどのようなものがあるのか，下の図は，その順序も含めて示したものです。

数唱➡数える➡数字読み➡数字書き➡順序数・集合数

数理解の順序

「数唱」とは，「イチ，ニィ，サン，シ，ゴー，ロク，…」と，幼児が歌のようにして，数字を順に唱える段階です。

数字を音の順序として記憶している段階であり，意味の理解がなされているわけではありませんが，ある数字に対して，必ず次の数字が1つに決まるということを音の順序として刻みこむ重要な活動です。

「数える」とは、ミカンなどの個数を、下の図のようにミカンと対応させながら数える段階です。

　「唱える」との違いは、単に数字を順に並べて音にするだけでなく、事物との対応関係を正確にしながら数量を数値化することができるようになることです。

事物との対応関係を考えて数える

　「数字読み」「数字書き」とは、数字の「1」を「イチ」と読んだり、正しく書いたり、数字には0から9までの10種類の記号しかないこと、さらには「10」は「1」と「0」を組み合わせて左右に配置することなどが理解できる段階です。

「順序数」とは,「一列に並べたリンゴの右から3番目」といったように位置を示すものであり,「集合数」とは,「右から3個分のリンゴ」といったように量を示すものです。双方の意味の理解と,それらの違いを理解する段階です。

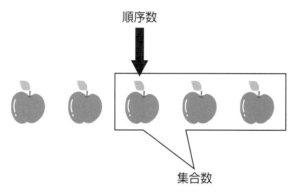

順序数と集合数の関係

　重要なことは,こうした**数理解の順序は,小学校入学前の生活経験と密接につながる中で体得されていく**ということです。

　具体的なカリキュラムや指導手順が示されているわけではないので,各家庭や個々の子どもの状況によって,この前提条件がかなり異なっている場合があります。

　したがって,1年で数を指導する際には,どの段階から学習内容をスタートすべきかを,子どもの数に対する理解を正確に把握したうえで調整していかなくてはなりません。

10までの数の
分解と合成が
重要なわけ

　1年の10までの数の分解・合成の学習は，数の読みや書きの指導と並行して行われます。

　「数の分解」とは，＋や－という記号を用いずに，5は2と3に分けられるということを意味します。
　「数の合成」とは，8と2で10になるということを意味します。
　これらは，くり上がりのあるたし算や，くり下がりのあるひき算で頻繁に使用します。

　例えば，7＋8の計算では，7と3の合成が10であることを頭に思い浮かべながら，8を3と5に分解します。そして，7と3で10，10＋5＝15と計算します。
　5＋8の計算では，5と5の合成が10であることを頭に思い浮かべながら8を5と3に分解し，5と5で10，10＋3＝13と計算します。

　また，15－7の計算では，15を10と5に分解し，10－7

＝3，3＋5＝8と計算します。13－5の計算では，13を10と3に分解し，10－5＝5，5＋3＝8と計算します。

このように，くり下がりのひき算では，10の分解の考えが多用されます。

重要なのは，**10までの数の分解と合成が，頭の中で瞬時にできるようになるまで習熟する**ことです。

そして，8の分解には，3と5の場合と，5と3の場合があって，たされる数によって，それらを適切に使い分けることができるようになることです。

数の分解と合成の中で，特に重点的に扱うのは，10，9，8，7，6といった大きな数です。なぜなら，**大きな数ほど数の分解と合成のパターンが多い**からです。

最初は，指を使って数える段階や，数図ブロックなどの操作の段階を取り入れてもよいのですが，最終的には頭の中で瞬時にできるようにしていくことが大切です。

指や教具を使ってしかできない段階に留まっていると，学年が上がって桁数の大きい計算になると，ミスが増加するからです。

九九の学習の場合，歌のように覚えるのを参考にして，数の分解と合成でも歌のように覚えさせるとよいでしょう。

例えば，先生が「10」と言うと，子どもたちは「♪10と

0,9と1,8と2,7と3,6と4,5と5,4と6,3と7,2と8,1と9,0と10」といった具合に答えるというものです。

これを算数の時間の最初に継続的に取り入れれば,子どもたちは自然と数の分解と合成が頭の中でできるようになっていきます。さらに,10や9や8の場合は,数の分解と合成のパターンがたくさんあって,1や2や3の場合はパターンが少ないことも歌の長さから体得していきます。

ここでは,ゲーム感覚で,数の分解と合成がランダムに言えるようになるための教具を紹介します。休み時間などにも遊びとして取り組むことができるものです。

教具作製に必要なものは,下の図の3つです。
①透明の開閉式のプラスティックケース
②仕切るための厚紙（プラスティックケースの高さの半分ぐらいの高さ）
③手芸などで用いる木の玉10個

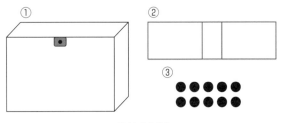

教具の作製

左下の図のように，②の厚紙を交互に折って，①のケースの中にセロテープなどで固定します。すると，右側の中は見えますが，左側の中は見えない状態になります。これをくるりと180°回しても，同じように右側の中は見えて，左側の中は見えません。そして，③木の玉10個をケースの中に入れます（個数を変えることもできます）。

　教具の使い方ですが，2人1組のペアで行います。
　まず，2人の子が向かい合います。そして，1人の子どもがこの教具を片手で持って，ケースを上下に数回振ります。ケースの中で，木の玉が上下に動きます。
　そして，ケースを2人の目の前付近で止めます。
　すると，ケースの右側と左側に木の玉が数個ずつ分かれた状態になっています。例えば，右下の図では，右側に6個，左側に4個に分かれた状態になっています。もちろん，こちらからは，右側の6個だけが見えて，左側の4個が見えません。逆に，向かいの子の側からは，4個だけが見えて，6個が見えません。この状態でお互いに見えない側の木の玉の個数を言い合います。

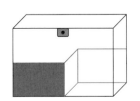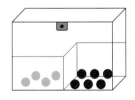

教具の使い方

数図ブロック操作による
3種類のひき算方法

　たし算やひき算指導の導入場面では，数図ブロックを用いることがよくあります。

　そのねらいは，数を視覚的にとらえさせ，ブロックを動かす操作によって答えまでたどりつきやすくさせることにあります。
　実際，筆算ができない子どもでも，数図ブロックの操作によって答えを求めることができるようになるということがあります。

　そして，数図ブロックでの練習を繰り返して，最終的には筆算ができるようになることをねらいとしています。数図ブロックには，筆算への橋渡し役が期待されているのです。

　重要なことは，**数図ブロック操作には，複数のやり方があり，単に答えを求めるだけでなく，その操作方法にも着目しておかないといけない**ということです。

では実際に，3種類の数図ブロック操作によって，13－5を求めてみましょう。

まず，1つめの方法です。13を数図ブロックで表現するには，10のかたまりのブロックと，バラの3個のブロックを置きます。そして，バラの3個を先に動かして，その後，10のかたまりから2個を動かします。残りが8個になったので，8を答えとして求めます。

この操作を，計算と見比べて考えてみると，最初の数から2回繰り返してひくことから，「減々（げんげん）法」と呼ばれるものに対応します。

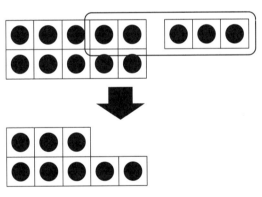

減々法での求め方

次に，2つめの方法です。まず，10のかたまりのブロックと，バラの3個のブロックを置きます。そして，10のかたまりから5個を動かします。残った5個とバラの3個を

たして8個になるので,8を答えとして求めます。

この操作を,計算と見比べて考えてみると,最初の数から1回ひいて,次はたすことから,「減加(げんか)法」と呼ばれるものに対応します。

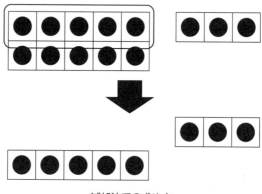

減加法での求め方

次に,3つめの方法です。これは,10のかたまりを意識せずに,13から5個を1つずつ取っていき,残った個数を数えて,8を答えとして求める方法です。

重要なことは,これらの方法は全て正しいので,自分のやり方でかまわないというところに留めておかないことです。

あるいは,「どれが一番わかりやすいですか」と子どもに質問し,子どもに責任を負わせないことです。

多くの子どもは，10のかたまりを意識せずに，個数を数える求め方や，減々法の求め方を支持することがあります。

　しかし，筆算の指導への橋渡しを考えると，「これからは，数図ブロックの操作は，減加法でやります」というように規則を明確化することが大切です。

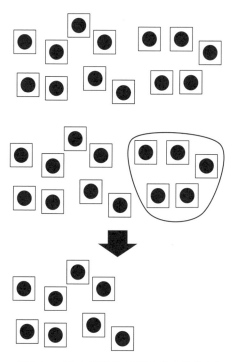

10のかたまりを意識せず個数を数える求め方

11 数図ブロック操作と筆算との間には大きな溝がある

　数図ブロックを用いて繰り下がりのあるひき算の答えを求めることはできるようになったものの，筆算に戻るとなかなかできないという子どもがいます。
　残念ながら，数図ブロックが，筆算への橋渡しとして機能していないのです。

　ところで，数図ブロック操作によって答えを求めることと，数字による筆算で答えを求めるということは，果たしてつながっているのでしょうか。
　実際の数図ブロック操作と，筆算とを見比べてみると，そこには，かなりの違いがみられます。

　筆算からみてみることにします。
　まず，1の位に着目して，3から5がひけないので，10を借りてきて，10から5をひいて5とし，5と3を加えて答えの8を求めます。このように筆算では，最初に数をひいて次にたす，減加法で計算します。

$$\begin{array}{r} \overset{10}{1}3 \\ -5 \\ \hline 8 \end{array}$$
10−5=5
5+3=8

減加法での筆算

　一方，数図ブロック操作は，前項で示したように，減加法，減々法などいくつかの方法があります。ただ，子どもは，数図ブロック操作では，10からひかずに，バラの数からひく減々法を用いる場合が多いのです。

　これは，家庭においても，何かを新しく出すとき，10個入りのパックから開けるのではなく，バラの方から開けていき，たりない分を10個のパックから補うことに似ています。

　これを数式で計算すると，次ページの図のようになりますが，数の分解と合成の方法において，筆算とのギャップが見られます。また，**減加法と比べて，分解と合成の方法がかなり複雑**になります。

　もちろん，両方の意味がわかり，双方を場面に応じて使い分けることができればよいのですが，算数が苦手な子ど

もは，**筆算が減加法であるのに対して，数図ブロック操作が減々法であることに混乱を来たすことが多い**のです。

$$13 - 5 = 8$$

10　3　3　2

3－3＝0　10－2＝8

減々法の計算過程

そして，上記の減加法や減々法といった違いに加えて，実は，もう1つ大きな違いがあります。

それは，算数が苦手な子どもの数図ブロック操作を見ていると，最後に8の答えを求める際，計算で求めるのではなく，残った数図ブロックの個数を1から順に8まで数えているのです。

つまり，そこには計算という過程が存在しません。これでは，筆算に移った際に，対応不能になってしまいます。

重要なことは，答えを求めることができたかどうかの判断だけでなく，**子どもの操作活動が筆算につながるものであるかどうかをしっかりと見極める**ことです。

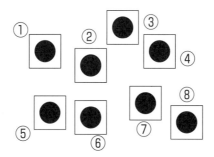

計算ではなく数えて答えを求めている

　また，算数を苦手とする子どもの場合，数図ブロックが準備できていなかったり，数図ブロックを床に落としたり，誤った操作をしてしまうことが少なくありません。学習のスタートラインで出遅れてしまう場合があるので，十分な配慮が必要となります。

　クラスの中に数図ブロックの操作が苦手な子どもが多い場合は，**あらかじめプリントに数図ブロックを印刷しておき，ひく数のブロックを鉛筆で囲むといった活動から入るとよい**でしょう。

　最初から自由度の高い状態を与えてしまうと，逆に混乱をきたす場合があることを覚えておく必要があります。

九九の6，7，8の段を なるべく早く指導する

　大学生に,「小学2年の九九の学習の中で,最も難しかったのは何の段でしたか?」と質問すると,圧倒的に多いのが7の段で,続いて8の段,6の段の順になります。

　ところで,一般的に九九の指導は,2,3,4,5の段の順に取り上げ,6,7,8の段は最後の方に登場します。これは,6,7,8の段が子どもにとって難しいので,できるだけ九九に慣れてきた後半で扱うという配慮です。

2➡3➡4➡5➡1➡6➡7➡8➡9

九九の学習順序①

　なるほど,難しい内容を後ろにもってきて,段階的に九九を扱うという指導順序は,よく工夫されていると言えます。
　ただし,別の角度から考えてみると,以下の2つの問題

点も見えてきます。

1つめは，**2，3の段よりも，6，7，8の段を学習する絶対的な時間数が少なくなってしまう**ということです。

当然，2，3の段は，最初に学習するだけでなく，大きな数の九九が登場してからも，繰り返し授業の中で取り上げます。したがって，非常に長い期間にわたって，繰り返し学習することになります。

一方，6，7，8の段は，九九の学習の最後の時期に取り扱うことになるので，短い期間に集中して学習に取り組まなければならないのです。

2つめは，九九の学習は2年の算数の中で最も多くの時間をかけて扱う内容なので，**単元の最後の段階になると，子どもが慣れてしまったり，飽きてしまったりする**ということです。

九九の学習が始まった段階では，子どもたちは今まで出会ったこともない新しい内容のため，新鮮な気持ちと，緊張した気持ちで取り組みます。しかし，6，7，8の段に来るころには，少し九九の学習に対するモチベーションが下がってしまうこともあります。

その時期に，最も難しい段が登場するために，6，7，8の段に対する苦手意識をより強くもつようになる子が出てきてしまうことが予想されます。

では,どのようにすればよいのでしょうか。

九九を指導する段の順序を見直すということも考えられますが,それは現実的ではありません。

1つの案としては,**なるべく早い時期に6,7,8の段の学習に到達できるように,2から5の段についてスピード感をもって指導する**という方法が考えられます。そして,6,7,8の段の指導に十分な時間をかけるとともに,その後,改めて2から5の段に戻って習熟を図るのです。

2➡3➡4➡5➡1➡6➡7➡8➡9
➡2➡3➡4➡5

九九の学習順序②

もちろん,かけ算の意味を指導することは重要ですので,そこを疎かにしてはいけませんが,全ての段の指導において,具体的な事例を何度も取り上げることなどは,省略できるのではないかと思います。

もう1つ,九九指導において注意しておきたいことは,**逆唱の重要性**です。

逆唱とは,「二九18」「二八16」「二七14」…と,小さい数からではなく大きい数から小さい数に向かって順に唱え

ていくというものです。小さい数から大きい数へと唱える順唱の方がある程度できるようになってきたら、積極的に逆唱にチャレンジさせてください。

最初は言いにくいので、右のようなカードを見ながら練習を開始し、次は＝のところでカードを縦に折って、答えが見えないようにします。最後は何も見ないで言えたり、ランダムに言えるようになることが目標です。

```
2×9＝18
2×8＝16
2×7＝14
2×6＝12
2×5＝10
2×4＝ 8
2×3＝ 6
2×2＝ 4
2×1＝ 2
```
逆唱カード

では逆唱は、どの段階で重要になるのでしょうか。

それは、**わり算の際の答えを立てる段階**です。

13÷2の問題では、順唱ではなく逆唱で答えを求めていかなくてはなりません。「二九18」「二八16」「二七14」ときて、「二六12」の段階で初めて13より小さな数が出てきたことを確認してから、13÷2＝6あまり1と求めることができるからです。

これが、「二一が2」「二二が4」「二三が6」「二四が8」「二五10」と順唱で考えてしまうと、13÷2＝5あまり3といった間違いをしてしまいがちです。

九九では、6, 7, 8の段をなるべく早く指導することと、逆唱を重視することを心がけるようにしてください。

答えから九九を見直すと新たな発見がある

九九の答えを，0〜9，10〜19，20〜29，30〜39，40〜49，50〜59，60〜69，70〜79，80〜89のグループに分けて整理してみると，それぞれのグループに万遍なく答えがあるわけではありません。

実は，**答えの数が多いグループと少ないグループに分かれます。**

答えの多いグループの代表としては，0〜9，10〜19，20〜29，40〜49があげられます。

特に，20〜29のグループには，$4 \times 5 = 20$，$5 \times 4 = 20$，$3 \times 7 = 21$，$7 \times 3 = 21$，$3 \times 8 = 24$，$4 \times 6 = 24$，$6 \times 4 = 24$，$8 \times 3 = 24$，$5 \times 5 = 25$，$3 \times 9 = 27$，$9 \times 3 = 27$，$4 \times 7 = 28$，$7 \times 4 = 28$の13種類の答えがあります。

また，40〜49のグループには，$5 \times 8 = 40$，$8 \times 5 = 40$，$6 \times 7 = 42$，$7 \times 6 = 42$，$5 \times 9 = 45$，$9 \times 5 = 45$，$6 \times 8 = 48$，$8 \times 6 = 48$，$7 \times 7 = 49$の9種類の答えがあります。

この40〜49グループには6，7，8の段の九九の個数も多いために，混乱が生じやすいといえます。

```
4×5=20        5×8=40
5×4=20        8×5=40
3×7=21        6×7=42
7×3=21        7×6=42
3×8=24        5×9=45
4×6=24        9×5=45
6×4=24        6×8=48
8×3=24        8×6=48
5×5=25        7×7=49
3×9=27
9×3=27
4×7=28
7×4=28
```

答えが20〜29と40〜49のグループ

　一方，少ないグループの代表としては，80〜89が9×9＝81の1種類，70〜79が8×9＝72，9×8＝72の2種類，60〜69が7×9＝63，9×7＝63，8×8＝64の3種類，50〜59が6×9＝54，9×6＝54，8×7＝56，7×8＝56の4種類があげられます。

　大きな数値という難しさはあるものの，答えの個数は少ないために，特定の数値を正確に理解すれば間違いは少なくなるといえます。

このように解答から，九九を見直してみると新しい発見があります。

重要なことは，解答から九九を見直して，混乱が生じやすい部分について時間をかけて重点的に学習するようにすることです。また，右のようなカードを作成して，子どもたちが自学自習するような方法も効果的でしょう。

```
9×9＝81
8×9＝72
9×8＝72
8×8＝64
7×9＝63
9×7＝63
```

大きな答えの九九

こうした答えから九九を見直す学習は，その後の九九表を用いた構造的なかけ算の学習にもつながります。

例えば，大きな答えのかたまりは表の右下にあり，81が1つ，72が2つ，64が1つ，63が2つ規則的に並んでいることがわかります。

一方，小さな答えのかたまりは，表の左上にあり，1が1つ，2が2つ，4が1つ，3が2つと，右下の大きな答えと対応する形で規則的に並んでいます。

九九表の中の20から29の答えのグループを囲んでみたりすると，それらが規則的なかたまりとして位置していることもわかり，九九の規則性，構造性といった不思議さに触れることもできるようになります。

	1	2	3	4	5	6	7	8	9
1	1	2	3	4	5	6	7	8	9
2	2	4	6	8	10	12	14	16	18
3	3	6	9	12	15	18	21	24	27
4	4	8	12	16	20	24	28	32	36
5	5	10	15	20	25	30	35	40	45
6	6	12	18	24	30	36	42	48	54
7	7	14	21	28	35	42	49	56	63
8	8	16	24	32	40	48	56	64	72
9	9	18	27	36	45	54	63	72	81

答えから九九表をみる

　また，2×9＝9×2といった，かけられる数とかける数を入れ替えても答えが同じという交換法則も，意識化されるようになります。

　この交換法則は，学年が上がるにつれて多用しますので，少しずつ慣れさせておくとよいでしょう。

　重要なことは，**九九の各段を覚える，理解する，九九表で規則性を見つけるといった学習活動が，単発的に行われるのではなく，それぞれ関連した形で指導されていくこと**です。少し先の学習内容を見ながら，日々の授業を計画していくことが大切です。

14 わり算が難しい3つの理由

　1年ではたし算・ひき算，2年ではかけ算を学習し，3年ではわり算を学習します。

　わり算はかけ算の逆なので，九九ができるようになっていれば，わり算はそれほど難しくないと思いがちです。しかし，わり算は，かけ算よりもかなり難しいと感じる子どもが少なくありません。

　では，わり算は，かけ算と比べて，どこが難しいのでしょうか。

　わり算の難しさは，3つあります。

　1つめの難しさは，**これまでの筆算とは異なり，頭位（位の大きい方）から計算する**ことです。たし算，ひき算，かけ算の筆算は，すべて末位（位の小さい方）から頭位（位の大きい方）に向けて計算すると学習してきました。

```
加法 ←          減法 ←
   36              36
  +27             -27
   63               9

乗法 ←          除法 →
   36              13
  ×27         27)360
  252              27
   72              90
  972              81
                    9
```

筆算の向きの違い

それが突然わり算になると,頭位から末位に向けて計算すると学習するので混乱する子どもが出てくるのです。

　2つめの難しさは,**答えの規則性が見つけにくい**ことです。

　たし算・ひき算・かけ算の場合は,数字が順に変化すると,それに応じて○ずつ増えるとか,減るといった規則性がわかります。一方,わり算では,32÷4＝8（あまり0),33÷4＝8あまり1,34÷4＝8あまり2,35÷4＝8あまり3,36÷4＝9（あまり0）と,規則性が見えにくいとともに,九九のように,すべての場合を記憶することができません。

　その意味で,わり算の場合も,わられる数が1大きくなるにつれ,あまりが1ずつ増え,あまりが3になると,次のわり算は答えが1増加して,あまりは0に

```
32÷4＝8あまり0
33÷4＝8あまり1
34÷4＝8あまり2
35÷4＝8あまり3
36÷4＝9あまり0
```

わり算の規則性

なるといった規則性を強調して指導する必要があります。

　3つめの難しさは,**答えの立て方**にあります。

　これまで学習してきた,たし算,ひき算,かけ算では,決められた手順に従って計算をすれば,答えはただ1つ求まりました。しかし,わり算の場合は,あまりがあるため,

答えがただ1つに決まるという実感がわきにくいのです。

　たとえば、32÷4＝8は、九九の逆ですので、自信を持って答えることができます。しかし、33÷4の場合も、答えとして8を立てなくてはならず、「33÷4＝8あまり1」としなくてはなりません。さらに、34÷4の場合の答えも8を立てなくてはなりません。

　九九には、33や34といった数字は式にも答えにも出てこなかったことも、計算に自信を持てない1つの要因となります。

　さらに、わり算の場合は、「33÷4＝7あまり5」など、筆算上はスムーズに解答へと進んでいってしまう点などにも難しさがあります。答えを立てることのできる数の中で、最も大きな数を選ぶことは、思いのほか難しいことのため、子どもの手が止まってしまうのです。

　では、どのようにすればよいのでしょうか。

　例えば、次のような筆算を入れてみると有効な場合があります。

　33÷4の場合、いったん7を立てて、5が下りてきます。5はまだわれるので、さらに、7の上に1を立てて、あまり1まで求めます。答えは、7と1を加えて8になります。

　この方法を用いると、1回で正しく答えを立てることができなくても、繰り返して立てる中で、答えに近づいていくことができます。

さらに，答えを立てることができない場合は33÷4とばかり向き合わなくてはならないのですが，この方法だと，2回目の立てる段階では，5÷4を考えるだけでよいので，わられる数字がどんどんと小さくなって，計算が簡単になるという利点があります。

```
          8            7              1
                                      7
      ─────        ─────          ─────
   4 ) 3 3      4 ) 3 3        4 ) 3 3
       3 2          2 8            2 8
      ─────        ─────          ─────
         1            5              5
                                     4
                                  ─────
                                     1
```

新しい筆算形式

　最終的には，1回で正しく答えを立てることが目標になりますが，その過程段階では，子どもの実態に応じて，こうした筆算形式を取り入れていくとよいでしょう。

　先生にとっては当たり前と思いがちですが，計算の向きが逆になったり，答えを自分で立てたりすることに戸惑いを感じている子どもは少なくありません。
　先生は，こうした計算方法の違いを意識しながら，指導することが大切です。

3桁×2桁のかけ算には 13回も計算が必要

　学年が上がるにつれて，計算の桁数は大きくなり，筆算の仕方も複雑になります。

　指を使わないと計算ができなかったり，一つひとつの計算に長い時間がかかったりする状態だと，桁数が増えることによって，筆算の途中でミスすることが増えていきます。

　たとえば，234×56の筆算においては，次の①から⑬の13回の計算が必要となります。

① 6×4＝24　② 6×3＝18　③ 18＋2＝20　④ 6×2＝12
⑤ 12＋2＝14　⑥ 5×4＝20　⑦ 5×3＝15　⑧ 15＋2＝17
⑨ 5×2＝10　⑩ 10＋1＝11　⑪ 0＋0＝0　⑫ 4＋7＝11
⑬ 1＋1＋1＝3

　これらの13回の計算の中で，1か所でも間違えれば，全体としては間違った答えとみなされます。せっかく時間をかけて計算したにもかかわらず，間違いを繰り返すと，子どもの意欲はどんどん低下してしまいます。

加えて,間違った場所を見つけだすのもひと苦労です。なにせ一つひとつの計算に時間がかかってしまうからです。

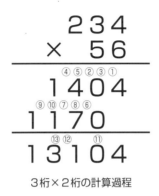

3桁×2桁の計算過程

　では,どうすればよいのでしょうか。正直,これらの問題を一気に解決することは簡単ではありません。1年からの計算学習の積み重ねの結果だからです。

　ただ,少なくともやっておかなくてはならないのは,**数の分解と合成,そして九九が瞬時に言えるまでのトレーニング**です。

　ここに時間のかかる子どもは,計算の途中段階で,全体として何の計算をしているのかがわからなくなってしまいます。

　まずは,その点の克服から始めていき,少しずつ桁数の大きい計算にチャレンジさせていくことが,遠いようですが,確実な道だといえます。

また，桁数の大きいかけ算には，580×700といった０が多く入ったものもあります。こうした０が多く入ったかけ算の場合，位のそろえ方が今までと違います。

　下左図のように，末位をそろえて並べるのではなく，下右図のように，０でない数字のところでそろえて並べ，０は計算後につけるという方法です。
　これは10が58個と100が７個あって，58×7＝406をしてから，10×100＝1000をそれにかけるという意味ですが，抽象的な思考が要求されるために，10や100がいくつ分という考え方ができない子どもにとっては，かなりの負担になります。

　その結果，記述方法の形式的な暗記と習熟でしか対応できなくなってしまい，ミスが増えてしまいます。

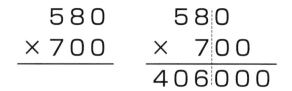

０が多く入ったかけ算の筆算

　では，どのようにすればよいのでしょうか。
　例えば，**簡単な桁数同士のかけ算の答えを歌のように覚える**という方法があります。

十×十＝百，十×百＝千，十×千＝万，百×十＝千，百×百＝万，百×千＝十万，千×十＝万，千×百＝十万，千×千＝百万までの9種類程度は，九九の1つの段と同じ個数ですので，習熟させておくとよいでしょう。

これらの習熟がなされていれば，580×700の場合であれば，百×百＝万よりも大きく，千×千＝百万よりも小さい答えになるということが予測できるようになります。

 重要なことは，**子どもに答えに対する予測を常に行うという習慣を身につけさせる**ことです。
 最終的には，精度の高い答えの予測ができることが望ましいのですが，最初は大まかな予測でかまいません。
 そのためにも，計算を始める前に，先生が「答えはどれくらいになると思いますか」と尋ねる習慣をもってください。

 子どもたちが，予測することに慣れてきたら，次の段階では，**上限と下限の両方で答えを挟み込むように指導してください。**
 計算ミスをチェックする能力が格段に向上すること間違いなしです。

16

1の位から計算しない小数の計算

2年までの整数のたし算，ひき算の筆算の学習では，下のように末尾をそろえて縦に数字を並べ，1の位から計算することを徹底的に指導されます。

$$
\begin{array}{r} \downarrow \\ 74 \\ +58 \\ \hline \end{array}
\qquad
\begin{array}{r} \downarrow \\ 74 \\ -58 \\ \hline \end{array}
$$

整数のたし算とひき算の筆算

一方，3年になると，小数のたし算，ひき算の筆算を学習しますが，ここで，筆算の書き方と計算を開始する位が大きく変わります。

小数のたし算ひき算の筆算では，末尾をそろえるのではなく，位をそろえて縦に数字を並べ，1の位からではなく，小数の最も小さな位から計算するという方式になります。

例えば，7.4＋5.83の場合，小数第1位と第2位のため，末位がずれて，逆に頭位がそろうようになります。

　さらに，小数第2位を計算する際，7.4を7.40とみなして，0＋3＝3と考えなくてはなりません。またひき算の場合も同様に，7.4を7.40とみなして考えなくてはなりません。

何もない位に，0をつけ足すことは，子どもにとってはかなり勇気のいることなのです。

　その結果，上から下をひく（0－3）ではなく，下から上をひく（3－0）といったミスを誘発してしまうこともあります。

$$
\begin{array}{r} \downarrow \\ 7.4 \\ +5.83 \\ \hline \end{array}
\qquad
\begin{array}{r} \downarrow \\ 7.4 \\ -5.83 \\ \hline \end{array}
$$

小数のたし算とひき算の筆算

　先生からすれば，扱う数の種類が増えたことによる当たり前の変更のように思いがちです。

　しかし，中には，これまでの筆算方法がまったく通用しないと感じてしまい，これまでの筆算まで混乱が及んでしまう子どももいます。

重要なことは,整数のたし算,ひき算の筆算も,小数のたし算,ひき算の筆算と同じ規則を用いていることを,改めて指導することです。

つまり,**整数の筆算においても,実は末尾をそろえていたのではなく,位をそろえていたのだという理解に変えていく必要があります。**

小数の筆算と同じ規則を用いていることを理解させることができれば,子どもたちはすんなりと納得するようになるでしょう。

次に,小数のかけ算の筆算についてです。

小数のたし算,ひき算の筆算の学習で,位をそろえるという方法が定着したと思ったら,小数のかけ算では,末尾をそろえるという方法になります。

子どもたちは,せっかく小数のたし算やひき算ができるようになったのに,また混乱してしまいがちです。

さらに,整数のかけ算の筆算のように計算してから,最後に小数点の位置を答えのところに書かなければなりません。小数点の位置が上から下までバラバラになってしまっていることにも,違和感をもつ子どもが出てきます。

小数のかけ算の筆算では,7.8×0.97の計算を,7.8を10倍して78,0.97を100倍して97として,78×97の計算に置き換えて答えを求めてから,0.1倍×0.01倍の0.001倍を最

後に行って小数点をつけているために，複雑になってしまっているのです。

では，どうすればよいのでしょうか。

例えば，下のような筆算の対比をすると，意味の理解につながると考えられます（実際にはもっと簡単な数値で行うとよいでしょう）。実は，右のように，上から下まで位をそろえて計算することも可能なのです。

```
    7.8          7.8
  ×0.97        ×0.97
   546          .546
  702          7.02
  7.566        7.566
```

小数のかけ算の筆算

ただし，位をそろえた筆算も，最初の7×8の答えの位置を，小数第1位と第2位をかけた数が第3位になることから判断する点に難しさがあります。

そのため，**小数のない整数の計算に置き換えて，最後に小数点をつけるという方法を用いていることを取り上げると，理解が促進される**と思います。

小数のわり算のあまりは そう簡単に理解できない

　一般の大学生に23.5÷7.4の筆算を，答えは1の位までで，あまりを出す計算を指示すると，半数以上が左下のように「23.5÷7.4＝3あまり13」と求めます。

　学生に，「あまりが13であれば，わる数の7.4よりも大きいので，さらにわることができませんか？」と指摘して，はじめてその間違いに気がつきます。

　そして，右下のように，小数点の位置を戻して，あまりを1.3と修正します。

小数のわり算の筆算

さらに,「なぜあまりの場合は,小数点を元の位置に戻すのですか」という質問や,「なぜあまりの方だけ小数点を戻して,答えの方の小数点の位置はそのままなのですか」といった質問をすると,ほとんどの学生は答えることができません。

 大学生であっても,小数のわり算のあまりの問題は,非常に難しいのです。

 教師にとって重要なことは,**小数のわり算のあまりは,小学生が難しいと感じるのが,むしろ当たり前のことだというところからスタートする**ことです。

 つまり,そう簡単に意味を理解させることはできないので,少しずつ慣れさせながら,理解を深めていけるように指導を工夫する必要があります。

 では,小数のわり算の筆算はどのようにして行われているのでしょう。

 実は,小数÷小数の計算を,整数÷整数の計算に置き換えて筆算を行い,その後で,答えとあまりの位を調整するという作業を行っているのです。

 最初に,23.5÷7.4の両方を10倍して235÷74に置き換えて筆算を行います。すると,答えは3であまりが13と出てきます。

 次に,わられる数とわる数に同じ数をかけても答えは変

わらないという性質を用いて答えはそのままにします。
　一方，あまりの13は，かけた数だけ変化するので，10でわって1.3にするのです。

　このように，とても複雑なので，意味を正確に伝えようとしても，子どもたちの理解がついてきません。

　では，どうすればよいのでしょうか。
　実は，小数のわり算も小数のかけ算と同様に，小数点をつけたままで計算することが可能です。その方法なども提示しながら，あまりの小数点の位置についての理解を深めさせることが大切です。

　次ページの計算は，小数点をつけたまま，位をそろえて行ったものです。

　まず，答えの23÷7を考えて，3を立てます。3を書く位置は，5の上ではなく3の上です。
　次に，3×0.4をします。この答えは，1.2となるので，2は5の下に書きます。これで小数点がそろいます。
　その後は，通常と同じように計算をします。この結果，あまりは，13ではなく，最初から1.3と求まります。

　そして，小数点の位置は上から下まで一直線に並び，小数点を移動させるという作業はなくなります。

```
        3.
7.4)23.5
    22.2
     1.3
```

小数点の移動がない筆算

　ただし，この方法では，3×0.4＝1.2の「2」を置く位置を，意味から判断しなくてはなりません。もっと，小数が複雑になれば，より正確に置くことが難しくなります。

　そこで，数字を正確に置くことの難しさを和らげるために，整数のわり算に置き換えて計算するという方法が用いられているのです。

　実際の指導では，筆算する前に，23÷7＝3あまり2というように，答えとあまりを予測する習慣を身につけさせるとよいでしょう。
　また，筆算が終わった段階で，**（わる数）＞（あまり）となっているかどうかを常に確認する習慣を身につけさせることも大切**です。

答えの見積もりは
4年生からでは遅い

　先生がノートに書かれた子どもの答えを見て悩むのは，とんでもなく正解から離れた答えであるのに，それがとんでもない答えであることに子どもが気づいていないときです。さらに，その間違いを指摘しても，ピンとこない子どもがいます。

　ところで，概数は4年で学習します。
　概数を指導する目的は，大きくは2つあります。

　1つめは，ある数を，およその数に置き換える際の，様々な方法を身につけさせることです。
　具体的には，下図のような，切り捨て，切り上げ，四捨五入，100の位までの概数，上から2桁の概数などです。

		35,687		
切り捨て	切り上げ	四捨五入	百の位	上から2桁
30,000	40,000	40,000	35,700	36,000

概数の学習内容

この学習の最も難しいところは，これまでの算数では，正確に1つの答えを出すことが求められてきたのに，「およその数」という何となくあいまいな数を答えなければならない点です。

　2つめは，様々な計算場面で，概数の考えを用いて答えを予想する力をつけることです。
　この概数の考えを用いて答えを予測することを，概算といいます。

　冒頭に書いた，とんでもない答えに気づくことのできる子どもに育てるためには，この概算の考えがとても重要になります。
　常に計算をする前に，およその答えを予想する習慣を身につけさせることができれば，間違いに気づく可能性がかなり高くなります。

　ただし，4年生からこの習慣を身につけさせようとしても，少し時期としては遅いと言えます。

　では，どうすればよいのでしょうか。
　少し極端ですが，**1年から系統的に答えを予想する習慣を身につけさせることが大切**です。その具体的な方法については，次項で紹介したいと思います。

答えを見積もる力は
１年から系統的に育てる

　計算指導で答えを見積もる力を育成することが重要であることは言うまでもありません。

　しかし,「１年から見積もる力をしっかりと身につけさせてください」と言われると, 具体的にどのようにすればよいのか, 少し戸惑ってしまうことでしょう。

　では, どのように見積もる力を系統的に身につけさせるとよいのでしょうか。

　低学年では, 先生と子どものやりとりの中で, 見積もる力をつけさせていきます。

　例えば, ８＋７の計算で, 計算に入る前に,「先生は, 答えが20よりも大きくなると思うけど…」とつぶやくと,「そんなに大きくならないよ！」と, 子どもたちは反応することでしょう。

　また,「じゃあ, 答えは10よりも大きくなるかな？」といった問いかけも, 繰り上がりを意識させるうえで有効です。

もちろん,たし算の場合はひき算をさせて確かめるという逆算の考えを用いる方法もあります。

　ただし,算数が苦手な子どもは計算が遅いので,そこまでの時間的余裕がない場合も少なくありません。**「およそこれぐらい」という感覚を,低学年から意識して指導することが大切**です。

　中学年では,小数のたし算,ひき算の学習などを中心に,見積もる力を育てていきます。

　先生との言葉のやりとりだけでなく,ノートに式や計算を書く際に,見積もりを同時に書かせる指導をします。

　最も詳しく見積もる方法は,答えを上限と下限で挟むようにするというものです。

　例えば,2.8＋3.6の場合,上限は2.8を3,3.6を4として,3＋4＝7と求めます。

　下限は2.8を2,3.6を3として,2＋3＝5と求めます。

```
問 2.8＋3.6
　㊤　3＋4＝7
　㊦　2＋3＝5
筆算
　　　2.8
　＋　3.6
　　　6.4
検証　5＜6.4＜7
答え 6.4
```

上限と下限で挟む

　そして,答えは,5～7の間に来ることを意識させるようにします。

　両方で挟むことが難しい場合は,端数を切り捨てる下限

の予想から始めるとよいでしょう。

　重要なことは，上限と下限の数値を，ノートに書かせてから筆算に移らせることです。

　先生が，「見積もりは大切なので，見積もりをしてから計算しなさい」と，いくら説明したとしても，**実際に記述する活動が伴わないと，子どもたちはすぐに計算から入ってしまいます。**

　高学年では，かけ算，わり算の学習などを中心に，見積もる力を育てていきます。

　九九や簡単なわり算になるような数字を見つけ出し，数値を置き換えて計算をします。

　かけ算の場合は，意外と簡単です。上から1桁の概数にしてから，九九を用いて計算します。

　あとは，右のように同じ位同士のかけ算によって，何の位になるのかの目安がつくようにしておくことが大切です。

```
十×十＝百
十×百＝千
十×千＝万
百×十＝千
百×百＝万
百×千＝十万
千×十＝万
千×百＝十万
千×千＝百万
```

　一方，わり算の場合は，かなり複雑です。

　2.68×7のかけ算であれば，2×7＝14と3×7＝21と下限と上限で挟んで，答えは14から21の間にあることが，

すぐにわかります。

　しかし，2.68÷7のわり算であれば，2÷7と3÷7の間に答えがあるのですが，それが具体的な数字でいくらになるかというと，また筆算をして求めなくてはなりません。

　では，どうすればよいのでしょうか。
　これを九九レベルの計算で解決しようとすると，次のように考える必要があります。
　まず，2.68÷7の答えは，2.1÷7と2.8÷7の答えの間にあります。そして，九九の考えを用いて，2.1÷7＝0.3と2.8÷7＝0.4を求めます。
　そして，2.68÷7の答えは，0.3と0.4の間にあると求めることができます。
　さらに，2.68は，2.1より2.8の方に近いので，2.68÷7の答えは，0.3よりも0.4の方に近いことになります。

　高学年で求められる見積もりの力は，かなり高度なため，実際には，なかなか実践できないと感じるかもしれませんが，重要なことは，6年間を通して，系統的に見積もる力を身につけさせるという視点です。

分数が難しい3つの理由

　小学校の先生に,「算数でどの単元を指導するのが一番難しいですか」というアンケートをとると,2年の分数の導入が非常に多くあがります。

　以前の学習指導要領では,分数は4年で導入されていたことがあります。分数は理解させるのが難しいので,上の学年になってから指導した方がよい,という考えによるものでした。
　その結果,6年で異分母分数のたし算,ひき算と,異分母分数のかけ算,わり算を立て続けに学習する状況になってしまいました。分数のまとめの段階で,子どもたちが混乱するという問題が生まれてきたのです。

　現在では,分数は難しいので,低学年の段階から細分化してていねいに教える方がよいという考えから,2年で導入されています。

　ところで,分数の難しさには,大きく3つのポイントが

あります。

1つめは，**数の「記述の仕方」が，左右ではなく，上下になっていること**です。整数では，23と左右に数字を並べますが，分数では，$\frac{2}{3}$ と上下に数字を並べなくてはなりません。

整数を学んで間もない2年の子どもたちにとっては，数を左右に書く場合と，上下に書く場合をうまく使い分けることができないなどの難しさがあります。

```
左右    2 上
23     ─
       3 下
```
数の位置関係

2つめは，**数の「大きさ」が，左右ではなく，上下の位置関係で決まるということ**です。

さらに，**分数の分母が大きくなると，分数としては小さくなるということの理解が難しい**といえます。

2と3の数字を用いた整数の場合，23と32では，左側に置いた数字が大きい方が，整数として大きくなるというルールがあります。

```
23 < 32
 3     2
 ─  >  ─
 2     3
```
左右と上下

一方，分数の場合，$\frac{2}{3}$ と $\frac{3}{2}$ では，上の数字が大きい方が分数として大きくなるというルールが

あります。

　また，23と24では，左側の数字が同じなので，右側の数字が大きい24の方が大きいというルールがあります。

　しかし，$\frac{2}{3}$と$\frac{2}{4}$では，分子が同じですので，分母の数字が大きい$\frac{2}{4}$の方が小さいというルールとなります。

整数と分数の大小

　分数の読み方においても，「さんぶんのに」や「よんぶんのに」と，分母を先に言うので，整数の場合との混乱が，より生じやすいといえます。
　分数には，大きい数字であっても，上下の位置関係によって，数として小さくなってしまうという難しさがあるのです。

　3つめは，1よりも大きい数字を用いて，1よりも小さい数をつくることができることです。

　つまり，1よりも大きい2や3を用いているにもかかわらず，$\frac{2}{3}$は，

分数のルール

1よりも小さい数となるわけです。

　さらに，1つの大きさの数を表すのに，分数では何通りもの記述の方法があることも難しさの1つです。

　つまり，$\frac{1}{2}$という大きさの数は，$\frac{1}{2}$だけでなく，$\frac{2}{4}$，$\frac{3}{6}$…と無数にあるのです。

　このように，整数の場合とは違う独自の決まりが数多くあって難しい分数ですが，どうして小数で置き換えないのでしょうか。

　それは，中学校以降の数学でも，分数が多用されるからです。
　無限に続く小数であっても，分数であれば，簡単な数字の組み合わせで表現したりすることができます。
　また，文字の入った計算式などでは，小数にしてしまうとさらに複雑になってしまいます。

　上の学年に行くほど，分数はより便利なものになっていきます。ですので，小学校段階で分数嫌いをつくらないことはとても大切です。

分数には
たくさんの顔がある

　2年から学習する分数ですが，実は分数にはたくさんの顔があります。

　最初に，分数の3つの種類。
　分数には，**真分数，仮分数，帯分数**があります。

　真分数とは，分子が分母より小さい分数のことをいいます。

　具体的には，$\frac{1}{2}$, $\frac{2}{3}$, $\frac{2}{4}$などです。

　仮分数とは，分子と分母が同じか，分子が分母より大きい分数のことをいいます。

　具体的には，$\frac{3}{2}$, $\frac{6}{3}$, $\frac{4}{4}$などです。

　帯分数とは，整数と真分数の和になった分数のことをいいます。

　具体的には，2と$\frac{1}{3}$, 4と$\frac{3}{5}$, 1と$\frac{2}{4}$などです。

これらは，見た目が違うので，それほど間違えたり，難しかったりすることはありません。

次に，分数の6つの意味。

分数の意味には，**分割分数，割合分数，量分数，操作分数，商分数，有理数としての分数**があります。

分割分数とは，「あるものを何等分割したうちの何個分」というものです。

具体的には，丸いピザ1枚を3等分したうちの2個分というもので，$1 \div 3 \times 2 = \frac{2}{3}$となります。

このとき，ピザの大ききは問いません。つまり，SサイズでもLサイズでも，$\frac{2}{3}$は同じものです。

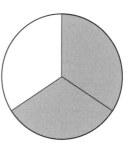

分割分数

量分数とは，単位の付いた量を示すものです。

具体的には，$\frac{2}{3}$mや$\frac{2}{3}$Lです。

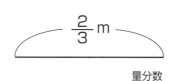
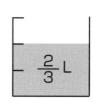

量分数

割合分数とは，2つの量の割合を示すものです。

具体的には，2mは3mのどれだけにあたるかというもので，2m÷3m＝$\frac{2}{3}$となります。比や比の値の考えにつながる分数といえます。

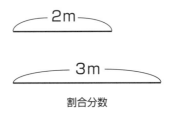

割合分数

操作分数とは，あるものの何分の何というものです。

具体的には，折り紙の$\frac{2}{3}$というもので，分割分数の「の$\frac{2}{3}$」という部分だけを取り出したもので，$\frac{2}{3}$倍という意味です。

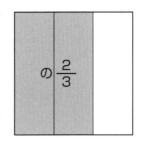

操作分数

商分数とは，わり算の答えを示すものです。

具体的には，2÷3＝$\frac{2}{3}$となります。これを小数で表すとすると，0.666666…と無限小数になりますが，分数では

$\frac{2}{3}$ と簡単な整数で表すことができます。これは，分数が便利であることの1つの事例といえます。

有理数としての分数とは，数直線上のそれぞれの位置を示すのに用いるものです。

具体的には，$\frac{1}{3}$ と $\frac{1}{2}$ の間には必ず有理数があって，

$(\frac{1}{3}+\frac{1}{2})\div 2 = \frac{5}{12}$ なので，$\frac{1}{3} < \frac{5}{12} < \frac{1}{2}$

がいえます。このように分数の場合は，順に並んだ分数の間にも，必ず異なる分数があることを示すことができます。

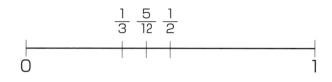

有理数としての分数

分数には，様々な種類と意味があります。そして，学年が上がるにつれて，同じ分数であっても，異なる意味を学習します。

重要なのは，**分数を使用する場面に応じて，様々な意味があるということを理解させる**ことです。また，単位のあるなしや，種類によっても，分数の意味が違ってくるので，単位にも注目して分数をとらえさせる必要があります。

第2章 数と計算の授業にかかわる17のこと

異分母分数の計算は
たし算・ひき算の方が
難しい

　通常，四則計算は，たし算，ひき算の方が簡単で，かけ算，わり算の方が難しいとされています。

　しかし，異分母分数の計算方法の場合は，かけ算，わり算よりも，たし算，ひき算の方が難しいといえます。

　リンゴ2個のうちの1個と，リンゴ3個のうちの1個が少し傷んでいるという場合，それらを合わせると，リンゴ5個のうちの2個が傷んでいることになります。

　これを分数の式にすると，下のようになります。

$$\frac{1}{2} + \frac{1}{3} = \frac{2}{5}$$

分割分数によるたし算

　この答えは間違いですが，間違いの理由を説明することは簡単ではありません。

また，丸いピザ1枚を2等分したうちの1個分と，別のピザを3等分したうちの1個分をたす場合でも，1枚目のピザの大ききはSサイズで，2枚目はLサイズだとすると，たし算ができません。

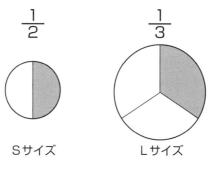

ピザの大きさが異なる場合

　これは，分割分数の考えで，たし算を行っているために起こる間違いです。

　では，分数をどのような意味でとらえると，たし算やひき算ができるようになるのでしょうか。
　実は，分数を量分数や有理数としてとらえると，たし算やひき算ができるようになります。

　重要なのは，**分数の意味を踏まえて，たし算やひき算を行う必要があることを理解させること**です。

分数のわり算は
中学校数学への橋渡し

分数のわり算は，わる数の分母と分子の位置を入れ替え，分母同士，分子同

$$\frac{2}{5} \div \frac{3}{4} = \frac{2}{5} \times \frac{4}{3} = \frac{8}{15}$$

分数のわり算の計算方法

士をかけることで答えを求められます。そのため，計算は九九レベルの知識があればできます。

一方，分数のわり算の意味を理解するとなると，極端に難しくなります。教科書には面積図での解答方法が記されており，分数のわり算の意味が，見事に説明されています。

$\frac{2}{5}$ ㎡のへいをぬるのに，ペンキを$\frac{3}{4}$ dL 使います。
このペンキ１dL あたり何㎡ぬれますか。

面積図は，次ページの左図のようになります。１m×１mのへいの$\frac{2}{5}$にペンキがぬられています。下線には，$\frac{3}{4}$ dL

のペンキでぬったことが示されています。

これに$\frac{1}{4}$dLずつに分ける縦線を入れたのが，右下図です。以上のようにして，ぬった場所は6つのブロックに分けられましたが，その1つ分の面積は$\frac{1}{5} \div 3 = \frac{1}{15}$m²となります。

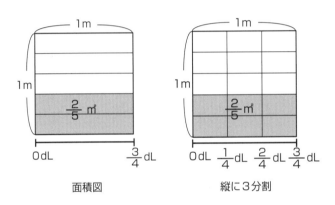

面積図　　　　　　　　縦に3分割

問題では，1dLでぬれる面積を求めないといけないので，右側のへいの部分を$\frac{1}{4}$dL分つけたして，右のようにします。
塗った面積は，$\frac{1}{15}$m²が8

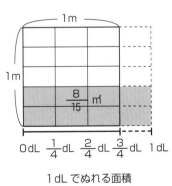

1dLでぬれる面積

個なので$\frac{8}{15}$㎡となります。

説明としては，$\frac{2}{5}\div\frac{3}{4}$は，$\frac{2}{5}$㎡を$\frac{1}{4}$dLで3等分して，それが4つ分（1dL分）あるので，$\frac{2}{5}\times\frac{4}{3}$をすることと同じであるということになります。

ただし，先生もこれを理解して，子どもに理解させることは一苦労です。

では，どうすればよいのでしょうか。

中学校への接続を考えた場合，数字を入れて確かめながら，以下の文字式の性質を使う方法があります。

　　ルール①　　$a\div b=\square$と，$\square\times b=a$の$\square$は同じ
　　ルール②　　$a=b$ならば，$a\times c=b\times c$

$\frac{2}{5}\div\frac{3}{4}=\square$　を，解いてみます。

$\frac{2}{5}\div\frac{3}{4}=\square$

$\square\times\frac{3}{4}=\frac{2}{5}$　　　　　　　　　　…ルール①より

$(\square\times\frac{3}{4})\times\frac{4}{3}=\frac{2}{5}\times\frac{4}{3}$　　　　　　…ルール②より

$$□ \times \left(\frac{3}{4} \times \frac{4}{3}\right) = \frac{2}{5} \times \frac{4}{3}$$

$$□ = \frac{2}{5} \times \frac{4}{3}$$

だから,$\dfrac{2}{5} \div \dfrac{3}{4} = \dfrac{2}{5} \times \dfrac{4}{3}$

　この方法は,視覚的に説明することができませんが,中学数学の式操作につながる考え方です。

第3章

量と測定の
授業にかかわる
9のこと

量と測定指導の3つの要点

量と測定指導の要点は,次の3つにまとめることができます。

①それぞれの量について,その特徴や関係を理解させる。
②現実場面から必要な量を取り出させ,器具を用いて正確に測定できるようにする。
③各種の量に関する公式を理解させ,公式を用いて問題を解くことができるようにする。

重要なことは,①から③までの内容をバランスよく配置して,指導計画を立てることです。特に,③に重点が置かれがちなので,①,②もしっかりと扱うように心がけてください。

①の量の特徴や関係については,最初に,量の個別の特徴について理解し,続いて,異なる量の関係について理解します。

具体的には,長さ,面積,体積それぞれの特徴を取り上

げます。そして，面積は，縦と横の長さによって決まるなど，異なる量が関連していることを扱います。

また，量の特徴に着目して理解することが難しいものを分類すると，次のようになります。

・**目に見えない量**…時間，重さ
・**かけ算型の量**……面積，体積
・**わり算型の量**……速さ，密度，濃度

②の現実場面の事物を測定することについては，測定する対象はどの部分であり，どのような器具を用いることで正確に測定することができるかを調べます。

具体的には，机の横部分の長さを取り出す場合は，机の横部分の端から端までを，巻き尺などの器具を用いて正確に測定します。

③の各種の量の公式理解については，公式の記憶だけでなく，その意味を理解する必要があります。

面積は，なぜ「長さ×長さ」で求められるのか，速さは，なぜ「距離÷時間」で求められるのかといったことについて，その意味を考える場面を設定することが大切です。

ものさしを使わない
必然性を生み出す

　長さ指導の導入の定番は，長さ比べの場面を設定し，**直接比較，間接比較，任意単位による比較，普遍単位による比較の順に扱い，長さの意味や重要性を理解させる**というものです。

　これらは，実際にはどのような活動なのでしょうか。

　鉛筆Aと鉛筆Bの長さを比較することにします。

　直接比較とは，鉛筆A，Bを，直接重ねたり並べたりして長さを比較する，といった方法です。

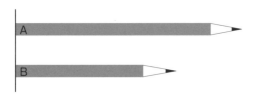

直接比較

　間接比較とは，A，Bとは別の鉛筆Cを用いて，AとC，BとCの長さを比べて，長さを比較する，といった方法で

す。下の図では，C＜A，B＜Cより，B＜Aとなります。

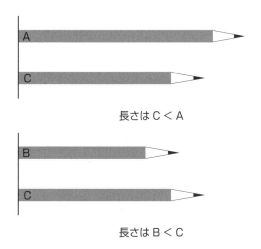

任意単位による比較とは，鉛筆A，Bがそれぞれ消しゴムいくつ分かで長さを比較する，といった方法です。

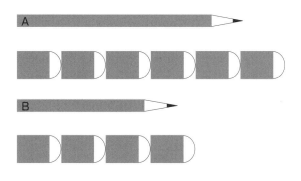

任意単位による比較

普遍単位による比較とは，m，cm などの長さの共通単位を用いて，長さを比較する方法です。

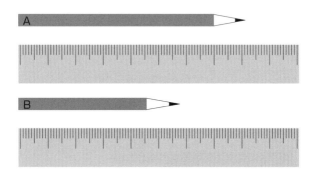

ものさしを用いて比較

　なるほど，子どもたちは学習を通して長さの単位の必然性を感じ取ることができるような展開になっています。

　しかし，この展開で授業を行うとき，大きな落とし穴が待っています。
　それは，最初の直接比較の段階で，子どもから**「ものさしを使ったらわかると思う」**という発言が出てくることです。こうなると，その後の間接比較も，任意単位による比較も，色あせた活動になってしまいます。

　子どもからすると，自分の持っている知識を最大限に発揮して発表したにもかかわらず，それが禁句扱いされてし

まうのは，何ともかわいそうです。

　では，どうすればよいのでしょうか。
　最初に，「物差しは使わないで考えましょう」という注意事項を伝えておくのも１つの方法ですが，子どもの考えを制限する感があります。

　むしろ，長さの学習のまとめの段階で取り上げるのはどうでしょうか。

　つまり，長さについてひと通り学習し終わってから，「昔の人はどのようにして長さを発見してきたのだろうか」という文脈で取り上げるわけです。

　例えば，「皆さんは，ものさしのある時代に生きていますが，ものさしのない時代には，２つのものが離れた場所にあって，直接比較することができないとき，どのようにして長さを比べたのでしょうか」と投げかけます。

　この展開の方が，ものさしを使わないことの必然性がありますし，単位を発見する歴史をたどるというおもしろさが加わります。

　子どもたちの創意工夫は，おそらく人類が単位を発見してきた歴史につながっていると思います。

長さ指導で本当に大切な3つのこと

　量と測定の領域において、長さは欠かせない量の1つですが、どういう点で大切なのでしょうか。

　それは、**長さが数多くの量における基本の量である**という点にあります。

　面積や体積は、長さのかけ算によって求めることができる量なので、長さが不可欠です。

　速さは、距離（長さ）÷時間で求めることができる量なので、ここでも長さが必要です。

　実は、重さの測定にも長さがかかわっています。ばねばかりの場合、重さを、ばねの伸びた長さに置き換えて測定しているのです。

　このように、長さを正しく理解していないと、その後に習う多くの量の理解も正しくなくなってしまいます。

　では、長さの指導はどのようにすればよいのでしょうか。

まず，直線の長さの測定ですが，直線の一方の端にものさしの０を正確に置きます。そして，もう一方の端の数値が長さになりますが，指導のポイントは，**端に０を正確に置く活動の習熟**です。

　また，水平ではなく，傾いた直線であれば，**傾きに合わせてものさしを置くことも，作業が苦手な子どもには少し大変なこと**です。

傾いた直線に正確にものさしを置く

　あたりまえと思われることの指導をおろそかにすると，正確な測定技能を身につけることができないので最初が肝心です。

　次に，長さ指導において大切な３つの点について説明します。

　１つめは，**長さはたし算やひき算ができる**ということです。例えば，５cmと３cmをたすと８cmとなります。あ

第3章　量と測定の授業にかかわる9のこと　099

るいは，5 cm から 3 cm をひくと 2 cm になります。

　あたりまえのように思うかもしれませんが，実は，たし算やひき算ができない量もあります。

　その代表例は，濃度です。10％の食塩水と20％の食塩水をたしても（混ぜても），30％の食塩水にはなりません。

　また，5 cm + 3 cm = 3 cm + 5 cm と，前と後ろを入れ替えても同じ答えになりますが，時刻と時間の計算などでは，前と後ろを入れ替えると，計算できなくなる場合も出てきます。

　2つめは，**曲線にも長さがある**ということです。通常，長さの問題では，直線の長さだけを取り上げます。しかし，当然，曲線にも長さがあります。こうした長さは，例えば，ひもの場合であれば，下図のように伸ばせばものさしで測ることができます。

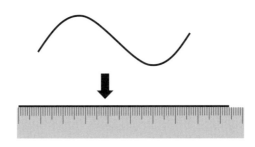

曲線を伸ばして長さを測定

あるいは，伸ばせない曲線の場合は，その曲線の上に紐を重ねて測定することもできます。

ここには，形を変えても長さは変わらないという，長さの大切な性質があります。その指導にあたっては，下図のように，クリップなどをつなぎあわせたものを用意し，それらを斜めに置いたり，曲げておいたりしたものの長さを比較するという場面などを例示するとよいでしょう。

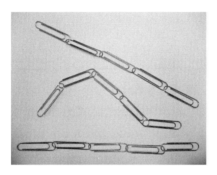

形を変えても長さは変わらない

3つめは，**長さは連続する量である**ということです。これは，小数を学習していない2年生にはかなりハードルの高い内容なので，4年の面積指導の段階などで，改めて指導しておく必要があります。

目に見ない量としての重さ

　量には，長さや面積などの目に見える量と，目に見えない量があります。

　目に見えない量の代表的なものの1つに，重さがあります。重さは，体積が大きいからといって，必ずしも重いわけではありません。体積が小さくても重いものもあれば，その逆に，大きくても軽いものもあります。

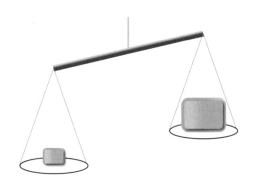

重さと大きさの違い

しかし,**子どもは「重い」と「大きい」を同じ意味でとらえる傾向があります。**もちろん,同じ種類のものの比較であれば,重いと大きいは対応します。

しかし,ものが違えば,重いと大きいは必ずしも対応しないということをしっかりと指導しないと,混同したままになってしまいがちです。

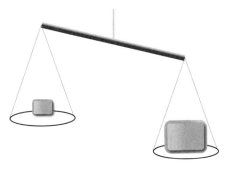

子どもの重さに対する固定概念

また,最近では,重さを測る道具は,体重計にしても,調理用はかりにしても,ほとんどがデジタル表示になっています。

昔は,ものを載せると針が回転して重さを表示するアナログ式のものでした。また,ばねの伸びた長さで重さを測るばねばかりもありました。

3年の重さの単元では,上皿自動ばかりやばねばかりといった,今ではあまり見かけなくなった道具を用いて学習

します。

なぜ、そのような昔の道具を今も用いるのでしょうか。

それは、**重さを違う量に置き換えて、目に見える量にして考えることができることを理解させるため**です。

ばねばかりは長さに置き換えていましたが、上皿自動ばかりでは、回転する針の角度に置き換えて重さを目に見えるようにしているのです。

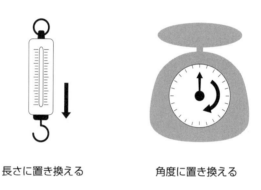

長さに置き換える　　　角度に置き換える

もう1つ大切なことがあります。

重さは目に見えない量ですが、たし算やひき算をすることができることです。

例えば、2つの粘土の塊をつくり、それぞれの重さを測ります。その後、2つの粘土をくっつけて重さを測ると、正確にたした重さになります。

さらに、重さは、たし算やひき算ができるというだけで

なく，2つの塊をくっつけて，形が変わったとしても，重さは変わらないという性質をもっているのです。

粘土のたし算・形が変わっても同じ重さ

重要なことは，重さは理科の実験などでも多用されるので，**具体的な実験などを通じて学習を深めておく**ということです。

例えば，水そうに魚を入れて魚が泳いでいる場合，木を入れて水面に浮いている場合，砂糖を入れて水の中で溶ける場面も，たし算が成り立つことを実験で確認しておくとよいでしょう。

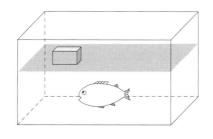

魚や木を浮かべた場合

時刻と時間が難しい
３つの理由

　時刻と時間は，学校生活を送るうえでとても大切な量です。授業と休み時間の切り替えなど，学校生活は時刻と時間によって決められています。

　時刻とは，**時の流れの中の１点**を指します。
　時間とは，**ある時刻からある時刻までの間の量**を指します。

　時刻と時間には，大きくは３つの難しい点があります。

　１つめは，**表記方法の少しの違いで，時刻と時間が分かれる**ことです。
　例えば，８時20分は時刻で，８時間20分は時間になります。「間」という文字が１つ入るか入らないかで，時刻と時間が分けられます。
　また，５分30秒の場合は，「間」という文字が入っていないのですが，時刻ではなく時間となるなど，様々な状況で多様な言い方があることにも注意が必要です。

2つめは，時間が，**年，日，時，分，秒によって，位取りが大きく変わる**ことです。

$$1年 = 365（366）日$$
$$1日 = 24時間$$
$$1時間 = 60分$$
$$1分 = 60秒$$

このように，24進法，60進法など，1つの種類の量の中で，これほど多様に位取りが変わる量はありません。

したがって，1日を分の単位に変換するときや，時刻や時間の計算の中では，それぞれの単位に応じて，適切な位取りを考えなくてはなりません。

3つめは，時刻と時間の区別が難しく，計算も複雑なことです。

私たちはよく，「授業が始まる時間になりましたので」と言いますが，正しくは，「授業が始まる時刻になりましたので」ということになります。このように，日常では，時刻と時間を正確に区別せずに言葉を使っている場合が少なくありません。

これは，具体的な数字を入れてみるとよくわかります。時刻を用いて「9時30分になりましたので，授業を始めます」とは言えても，時間を用いて「9時間30分になりまし

たので，授業を始めます」とは言えないと考えると，その違いがよくわかります。

時刻と時間の関係

　また，時間の場合，2時間と3時間では，3時間の方が長いといえます。一方，時刻の場合，2時と3時では，「どちらが長いですか」という問いには答えることができません。時刻は，時の流れの1点を指すため，そこには長さがないのです。

　あまり算数では出てきませんが，時刻と時間の計算もとても複雑です。
　実際，**時刻と時間の計算には，時刻と時刻，時間と時刻，時間と時間の3種類のパターンがあります。**

　まず，時刻＋時刻ですが，何と，この計算はできません。5時＋3時は，8時ではなく，計算自体ができないのです。午前5時と午後3時は，それぞれある1点の時間の位置を示しているだけですので，長さがあるわけではなく，たすことができないのです。

次に、時刻＋時間ですが、これは計算ができて、答えは時刻になります。つまり、5時＋3時間＝8時となります。5時の1地点から3時間進んだ1地点ですので、たすことができるのです。

　一方、時刻と時間の順序を入れ替えた、時間＋時刻ですが、この計算はできません。
　3時間という長さのある時間に、時間の1地点を示す5時をたすことができないのです。
　したがって、5時＋3時間≠3時間＋5時となって、時刻と時間の計算では、たし算であっても前と後ろを入れ替えると答えが同じにならないということが起こってしまうのです。

　これだけ複雑な時刻と時間の学習ですが、意外と算数での扱う時間数は多くありません。

　重要なのは、**時計の正確な読みや、時刻と時間の計算の仕組みを理解するとともに、ストップウォッチなどを用いて時間の感覚を養うことです。**
　例えば、1秒間や1分間でできることをやってみる、といった活動をするとよいでしょう。1秒間であれば、まばたきをする、手をたたく、ジャンプするなどがあります。1分間であれば、片足で立つ、腕立て伏せを連続する、なわとびの二重とびを続けるなどがあります。

角度が360°なわけ

　時間と時刻の単位と同じように，角度の単位も難しい量のうちの1つです。

　角度が360°であることは，昔から決まっていますが，子どもから，「なぜ角度は1回転で360°なんですか」と質問されると，なかなか答えることができません。

　角度1周が360°である理由は，太陽や月の動きと関係しているとされています。

　月の満ち欠けの周期は約30日で，それが12回で1年が一回りするということなどから，1年を360日と考えて，360°となったそうです。

　角の大きさを測る単位には，度とは別に，グラードという単位があります。この単位は，直角を100グラードとしていて，1回転は400グラードとなります。

　しかし，このグラードという単位は，フランスなど一部の国で使われているだけで，多くの国では，度を使っています。

1回転360°を使用するようになったことによって、とても便利なことがあります。

それは、**360の約数が多いこと、つまり多くの数字でわりきれる**ということです。

具体的には、1, 2, 3, 4, 5, 6, 8, 9, 10, 12, 15, 18, 20, 24, 30, 36, 40, 45, 60, 72, 90, 120, 180, 360の24個もの約数があります。

特に、1から10までの間では、7以外のすべての数字でわりきれます。

これを400グラードでやってみると、1から10までの間では、1, 2, 4, 5, 8, 10しかわりきれず、3, 6, 7, 9の4つでわりきれません。

このことは、日常生活でも、とても役に立ちます。

例えば、円形のピザを等分するとき、2から10等分の場合、7等分以外は、きれいな数字で分けることができるということです。

ところで、角度の測定には、分度器を用います。実は、分度器を正しく用いて角度を測定することは、子どもにとって意外と難しい操作なのです。

具体的にその作業の手順を考えてみます。

まず、①の部分に着目して、角の頂点に分度器の中心を

合わせます。

次に，分度器の中心を角の頂点からずらさずに，②の部分に着目して，直線と分度器の0°の線を，分度器を回しながら合わせます。

最後に，③の部分に着目して，角度を測定します。

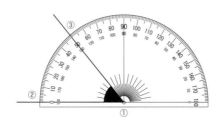

角度の測り方

特に難しいのが②の操作なので，この部分を丁寧に指導する必要があります。

さらに難しいのが，180°よりも大きい角度を測定する場合です。角度を180°とそれ以外に分けて測定し，最後に両方をたすという操作が加わります。

ただし，これは，180°の半円分度器を用いたことによる操作の追加ですので，180°より大きい角度を測定する指導の最初の段階では，360°の全円分度器を用いるのが効果的です。

全円分度器は，製図や設計などで用いるためのもので，少し値段が高くなります。

　そこで，コピー機で使える透明シートなどに全円分度器をコピーして，簡易全円分度器をつくるとよいでしょう。

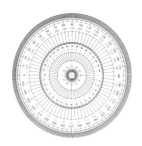

全円分度器

　もう1つ，角度には難しい内容があります。

　それは，**角度は360°が最大ではなく，それよりも大きな角度がある**ということです。

　当然，多角形の内角の和を考える場合などには，360°よりも大きな角度が登場します。

　指導においては，1回転して0°のところに戻ってきたら，2回転目ができて，それにより360°よりも大きな角度を示すことができることを教えておくと，その後の学習につながります。

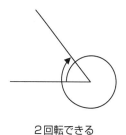

2回転できる

実は重要な面積感覚

　面積の学習では,面積が長さのかけ算によって求めることができることの意味の理解や,それぞれの図形に応じた面積公式を用いて,図形の面積を正確に計算する力が求められます。

　あわせて,ある図形に対して,およその面積を予想することができる力も求められます。

　ところで,身の回りで約150cm²のものをあげてくださいと言われると,大人でもなかなか思いつきません。実は,約150cm²の代表格は,はがきなのです。

はがきの大きさ

　どうしても,150cm²が150cmと混同され,150cm²は,

114

もっと大きなものであると思いがちです。

さらに、単位変換をすると、とても大きな数字になってしまうので、感覚をつかむことが大変です。

例えば、$1m^2 = 100cm \times 100cm = 10,000cm^2$となって、なかなか実感のわかない数字になってしまいます。

重要なことは、**身近なものの面積については、ある程度数値化して、理解しておく**ということです。

例えば、以下のような面積については、実際の測定と計算を通して数値化する体験をしておくことが大切です。

・教室の床の面積………$8m \times 8m = 64m^2$
・教室の黒板の面積……$1m \times 5m = 5m^2$
・教室の机の面積………$65cm \times 45cm ≒ 3000cm^2$
・B5サイズのノート …$18.2cm \times 25.7cm ≒ 470cm^2$

次に、5年で学習する台形の面積について考えてみます。

台形の面積の公式を導き出す学習では、台形を三角形2つに分け、それぞれの面積を求めて最後にたす方法が代表的です。

次ページの場合、上の三角形の面積は$3cm \times 4cm \div 2 = 6cm^2$、下の三角形の面積は$5cm \times 4cm \div 2 = 10cm^2$となり、$6cm^2 + 10cm^2 = 16cm^2$となります。意味としては、わかりやすい方法ですが、台形の面積公式につなげるため

第3章 量と測定の授業にかかわる9のこと

には，もうひと工夫必要です。

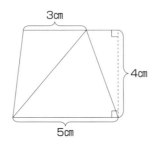

三角形2つに分けて面積を求める方法

また，2つの合同な台形を用意し，180°回転させて並べて平行四辺形にして，平行四辺形の面積を求めてから2でわるという方法もあります。

この場合，平行四辺形の面積は，(5cm + 3cm) × 4cm ÷ 2 = 16cm² となります。台形を2つ用いるという意味で技巧的ですが，台形の面積公式につなげるという点では，すぐれた方法です。

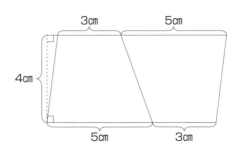

台形2つを並べて面積を求める方法

この他にも数多くの台形の面積の求め方がありますが，重要なのは，**すべての求め方が，（上底＋下底)×高さ÷2の形に集約されることを理解させる**ことです。

　ただ，実はもう１つ重要なことがあります。
　それは，**面積公式を用いた計算の前に，およその面積を予想する**ことです。

　先ほどの台形の面積でいうと，台形の面積の公式で計算する前に，およその面積を簡単な暗算で求めるのです。
　左下の図は，大きく見積もった場合で，５cm×４cm＝20cm²となります。右下の図は，小さく見積もった場合で，３cm×４cm＝12cm²となります。
　したがって，面積は，12cm²と20cm²の間にあることになります。このような習慣を身につけさせておくと，計算ミスなどにも自分で気づけるようになります。

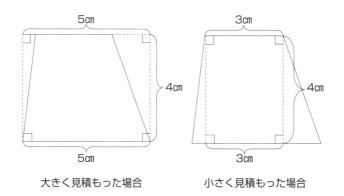

大きく見積もった場合　　　　小さく見積もった場合

第3章　量と測定の授業にかかわる9のこと

速さの学習は
１年から始まっている

　速さは６年で学習しますが，そこには難しい点が３つあります。

　１つめは，**速さが距離と時間という２つの異なる量のわり算によって求まる量なので，２つの量の両方に着目しないといけない**ということです。

　２つめは，**速さが止まった量ではなく，常に動いている量なので，測定が難しい**ということです。

　３つめは，**速さには平均の速さと瞬間の速さがあり，それを状況に応じて適切に判断しないといけない**ことです。

　ところで，速い，遅いという言葉は，１年生の子どもでも知っています。
　徒競走などでは，「〇〇さんは△△さんよりも速い」といったことを，日常的に話しています。もちろん，この段階では，速さが距離と時間に関係する量であることはわか

っていませんが,「目の前をびゅんと一瞬で過ぎる」といった瞬間の速さとして,速い,遅いを判断しています。

あるいは,徒競走の勝ち負けとして速さを判断しているともいえます。

重要なことは,**6年だけで速さの学習をすると考えるのではなく,1年から徐々に速さの学習の素地を育てていくという発想をもつ**ということです。

そうでないと,速さの公式だけを記憶する学習になってしまいがちです。

では,1年からどのような学習を進めればよいのでしょうか。ここでは,体育などの他の教科も含めて考えていくことにします。

1年では,まず,速い,遅いという言葉を,日常場面の中で,正しく使えるようにしておくとよいでしょう。「人が走るのより,車の方が速い」とか,「亀は進むのが遅い」といった簡単なことでかまいません。

2年では,50m走などでの速さ比較ができるようにしておくとよいでしょう。これを,専門的には同距離異時間といいます。50mという同じ距離の場合,時間が短い方が速いということの判断がつくようになるとよいでしょう。

3年では，1分間走などでの速さ比較ができるようにしておくとよいでしょう。これを，専門的には異距離同時間といいます。1分間という同じ時間の場合，距離が長い方が速いということの判断がつくようになるとよいでしょう。

　4年では，どちらかを倍するなどして，速さ比べができるようにしておくとよいでしょう。例えば，50mを10秒で走るのと，100mを18秒で走るのは，どちらが速いかといった比較ができるようになるということです。この場合，50mを2倍すると100mになり，10秒を2倍すると20秒となるので，100mを18秒で走る方が速いとなります。

　5年では，平均を学習しますが，この考えは速さの公式の前提となるものですので，平均して考えるということと，瞬間で考えるということの違いがわかるようにしておくとよいでしょう。

　6年では，「速さ」が「距離」と「時間」の2つの量の関係（割合）によって決定され，（距離）÷（時間）で速さを求めることができることがわかるようにしておくとよいでしょう。さらに，速さの求め方には，（時間）÷（距離）という方法もありますが，これだと速くなるにつれて数値が小さくなっていくので，対応関係がわかりにくくなるため，（距離）÷（時間）の方を用いていることも理解すれば，とてもよいでしょう。

下の図は，速さで扱っておきたい各学年の内容と，速さの学習に関係する内容を整理したものです。

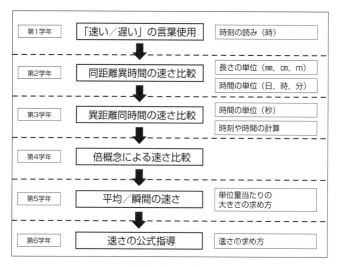

速さ指導の系統図

　「速さ」の指導が，速さの公式記憶だけにならないようにするためには，6年の算数だけで速さを指導するという発想を少し見直して，他教科との連携のもと，系統的に児童の速さに対する理解を深めさせていくという視点をもつことが大切です。

2つの量から新しい量をつくる

　量には，1つの量によってできているものと，2つ以上の量の組み合わせによってできているものがあります。

　1つの量によってできている量には，長さ，重さ，時間，角度などがあります。
　2つ以上の量によってできている量には，面積，体積，速さ，濃度，密度などがあります。

　さらに2つ以上の量によってできている量には，かけ算で求まるものと，わり算で求まるものがあります。

　かけ算で求まる量には，以下のようなものがあります。
　　　　面積＝長さ×長さ
　　　　体積＝長さ×長さ×長さ
また，わり算で求まる量は，以下のようなものです。
　　　　速さ＝距離÷時間
　　　　濃度＝混ぜる物の重さ÷溶液の重さ×100
　　人口密度＝人口÷面積

かけ算で求まる量は，かけあわせる量の単位が同じものしか算数では学習しません。中学の理科などでは，電流×電圧＝電力といった，3つの単位がすべて異なるものも扱います。

　一方，わり算で求まる量は，わられる数とわる数の単位が異なるものがほとんどです。また，わられる数とわる数を入れ替えると，値は大きく変化しますが，それでもその値を使って比較することは可能です。
　例えば，人口密度の場合，人口÷面積でも求めることが可能ですが，社会科では，面積÷人口をして，1人当たりの面積を求める場面などが地図帳に登場したりします。

　ただし，わり算によって求まる量は，その用語に対応関係をつけるようにして，わられる数とわる数を決めています。
　つまり，速さの場合は，速い方の数値が大きくなるように，濃度も濃い方の数値が大きくなるように，密度も詰まっている方の数値が大きくなるように決めています。

　次に，かけ算で求まる量は，ある量とある量のたし算やひき算が成り立ちます。例えば，ある面積とある面積をたすことは簡単にできます。あるいはある面積からある面積をひくことも同様です。

しかし，わり算で求まる量は，ある量とある量のたし算やひき算は成り立たない場合が少なくありません。
　例えば，濃度で考えてみます。20％の食塩水と10％の食塩水を混ぜ合わせると，30％の食塩水にはなりません。これは人口密度でも同じです。

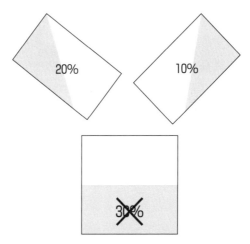

濃度はたし算が成り立たない

　このように，**2つ以上の量によってできる量においては，たし算やひき算が成り立つ場合と成り立たない場合があるということを子どもたちに教える必要がある**のです。
　また，かけ算やわり算によってできる量は，**その単位が新しくなるので，単位についても丁寧に指導することが大切**です。

第4章

図形の
授業にかかわる
9のこと

図形指導の3つの要点

図形指導の要点は，次の3つにまとめることができます。

①平面図形や立体図形について，その特徴や関係を理解させる。
②現実場面において，図形の考えを用いて問題を解決できるようにする。
③図形が置かれている平面や空間に着目することと，図形を移動させたり拡大・縮小させたりすることができるようにする。

重要なことは，①から③までの内容をバランスよく配置して，指導計画を立てることです。特に，①に重点が置かれがちなので，②，③もしっかりと扱うように心がけてください。

①の図形の特徴や関係については，最初に，図形の個別の特徴について理解し，続いて，異なる図形間の関係につて理解します。

具体的には，三角形，四角形それぞれの特徴を取り上げます。そして，立体は，こうした平面図形の組み合わせによってつくられているなど，異なる図形が関連していることを扱います。

　また，図形の置かれている空間に着目して，図形を分類すると次のようになります。

・直線内の図形…直線
・平面内の図形…三角形，四角形，円，扇形など
・空間内の図形…立方体，直方体，三角柱，円柱，球など

　②の，現実場面において図形の考えを用いて問題を解決することについては，現実場面の事物は，正確な三角形や四角形でないこともありますが，それを既存の図形と見なして考えることのできる視点を指導することが重要です。

　③の平面・空間と移動・拡大・縮小については，高学年段階になると，単一の図形ではなく，図形間の関係や，図形が置かれた位置に着目しなくてはなりません。
　このことが非常に抽象的なのと，数と計算のように継続的に扱われず，トピック的に扱われるため，「計算はできても図形は苦手」という子どもをつくってしまう原因になります。

立体図形の仲間分けに込められた重要な指導事項

1年の図形の学習では,身の回りにある様々な立体図形を集めてきて,仲間分けする活動があります。子どもたちの身の回りには,様々な形の箱や,ボールなどがありますが,その形の特徴についてはあまり意識していません。

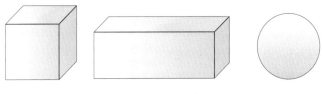

様々な立体図形

そのため,指導にあたっては,子どもの自由な発想を大切にしつつも,仲間分けをするための観点を示す必要があります。

重要なことは,**頂点,辺,面などの図形の構成要素に着目して,仲間分けをする活動を行い,子どもの意識を図形の構成要素に向けさせる**ということです。

まず、頂点について考えてみましょう。頂点は、最初の段階では、とがったところという認識から入りますが、立体図形には、頂点のある図形と頂点のない図形があります。

頂点のない図形の代表は球です。球には、どこにもとがったところがありません。また円柱にも頂点はありません。一方、よく似た形ですが、円錐には頂点があります。円錐は、算数の学習には出てきませんが、身の回りには、かなりたくさん見られます。

球と円柱と円錐

このように、同じように円が用いられている図形でも、頂点の有無によって細分化してとらえることができます。あるいは、頂点の有無からみると、円錐と立方体は同じ仲間に入るとも言えます。

次に、頂点の数についてみていきましょう。頂点の数が最も少ない立体は円錐ですが、その次に少ないのは、三角錐や三角柱です（三角錐も算数には出てきません）。

三角錐と三角柱

このように,頂点の個数によっても,仲間分けができるのです。

次に,辺について考えてみましょう。辺は,両端のあるまっすぐな線のことを言います。数学的には,直線は両端のない永遠に伸びたまっすぐな線のことを言います。両端のあるまっすぐな線は正しくは線分といいます。また,片方だけ端のあるまっすぐな線は半直線といいます。

ただし,小学校では,直線,半直線,線分を区別せずに,すべて直線といいます。

上から直線・半直線・線分

では,辺のない立体図形を考えてみましょう。辺のない

立体図形には、球、円柱、円錐などがあります。辺の有無で考えてみると、頂点のときとは違って、球、円柱、円錐は同じ仲間になります。

もちろん、頂点の場合と同じように、辺の数によって細かく仲間分けをすることができます。

最後に、面について考えてみましょう。面には、平らな平面と曲がった曲面とがあります。曲面だけでできた図形は、球です。また、平面だけでできた図形には、立方体、直方体などがあります。

では、平面と曲面の両方をもった図形はあるのでしょうか。その図形は、円柱と円錐です。

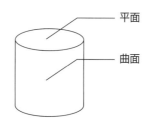

平面と曲面の組み合わさった立体図形

立体図形の仲間分けは、1年の最初の図形の単元ですが、この単元の中に、6年までの全ての立体図形が登場しますので、**図形の構成要素に着目する視点をていねいに指導しておくことが大切**です。

色板ならべに含まれる
2つの重要な算数的要素

　直角二等辺三角形の小さな板を組み合わせて，様々な形をつくる色板ならべは，子どもたちが大好きな活動の1つです。

　カラフルな色板を使って，花や家などをつくる活動は，大人にとっても楽しいものです。では，この色板ならべには，どのような算数的要素が含まれているのでしょうか。

　まず1つめは，**基本図形を用いて複雑な図形をつくったり，変形したりすることができる**ということです。
　下の図のように，直角二等辺三角形を2つ組み合わせるだけでも，様々な形ができます。

 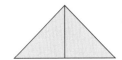 

正方形・直角二等辺三角形・平行四辺形

さらに，こうした形を規則的に並べると，また新しい形ができ上がります。

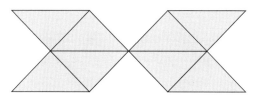

平行四辺形を4つ並べたもの

基本的な図形を組み合わせることで，複雑な図形をつくることができるという経験は，自由に描けるお絵かきとは，少し違った楽しさがあります。

2つめは，**平面上の動きを学習する**ということです。

実は，色板の動かし方は，全部で3通りあります。それは，**「ずらす」「まわす」「うらがえす」**です。

「ずらす」は文字通り，色板を平行にずらして動かします。これを数学的には，**平行移動**といいます。

平行移動（ずらす）

「まわす」は，どこかに中心を決めてくるりと回すことです。数学的には，**回転移動**といいます。中心は，三角形の外でも中でもかまいません。

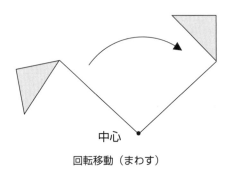

回転移動（まわす）

　「うらがえす」は，どこかに裏返すための軸を決めてくるりと裏返すことです。数学的には，**対称移動**といいます。軸は，三角形の外でも三角形を通ってもかまいません。

対称移動（うらがえす）

　指導上重要なのは，移動前と移動後の関係がわかるように工夫することです。色板は，それを動かしてしまうと，

最初にどこに置かれていたかがわからなくなってしまうので、例えば、最初に色板を2枚重ねておき、そのうちの1枚を移動させて、移動前と移動後の関係を確認させるとよいでしょう。

では、どうしてこの3つの移動が大切なのでしょうか。それは、**平面上の違う位置に置かれた同じ形のものは、平行移動、回転移動、対称移動の3つの組み合わせによって、必ずぴったりと重ねることができる**からです。

もちろん、移動に関することを1年生に教える必要はありませんが、こうした楽しい活動に、実は大変重要な算数的要素が含まれているということを、先生はしっかりと理解しておく必要があります。

ものさしとコンパスを
上手に使うコツ

　直線を引く道具のことを，ものさしと言ったり，定規と言ったりしますが，厳密には，ものさしと定規（木）は異なる役割をもった道具です。

　ものさしとは，直線を引く道具ではなく，長さを測る道具なのです。ですので，長さの目盛りが入っています。
　一方，定規とは直線を引く道具で，本来は目盛りが入っていません。

　この違いは，中学校の技術科の製図の単元などでは厳密に扱いますが，算数では，ものさしが直線を引いたり長さを測ったりする道具として使用されています。

　このものさしは，図形をかく道具として１年のときから頻繁に使います。ものさしは，三角形や四角形など直線で囲まれた図形をかくときに欠かせません。

　最近では，ものさしを使って直線を正しく引くことが苦

手な子が増えてきました。
　両端の2つの点を置いて，正確にその間を直線で結ぶというのは，意外と難しい作業なのです。

　では，ものさしを使って，直線を正確に引くコツは何でしょうか。実は，左右の手の力の入れ方の順序を間違わないことなのです。
　実際には，下記の順に手に力を入れたり力を抜いたりするとうまく直線を引くことができます。

①**2つの両端の点を鉛筆で打つ。**
②**鉛筆を置いて，ものさしの両端を両手で持って，2つの両端の点を結ぶ位置にものさしを置く。**
③**左手だけをゆっくり離して，ものさしの真ん中を左手で強く押さえる。**
④**右手で鉛筆を持って，左手はしっかりとものさしを押さえ，右手はゆるめに直線を引く。**

　重要なのは，③と④の手の力の入れ方を間違わないことです。
　③のときには，ものさしを押さえる左手の力は強めなのですが，④で鉛筆を持った途端，右手に神経が集中してしまい，左手の力が抜け，逆に右手に力が入った状態で線を引いてしまいます。その結果，ものさしが動いてしまい，正確な直線が引けないのです。

次に、3年から使用するコンパスは、曲線をかく道具の代表です。その使い方は、ものさしよりもかなり難しいので、正しい使い方の習得と、十分な練習が必要です。

コンパスの難しい点の1つめは、**指定された半径にコンパスを広げる**ことです。両手でコンパスの針の部分と鉛筆の部分を持って広げますが、微妙な長さの調整は難しいので、何度も練習させる必要があります。

コンパスで長さを正確に測る

2つめは、**中心に針をしっかりと刺す**ことです。プリント用紙などの場合、下にノートなどを敷かないと、針がしっかりと刺せません。

3つめは、**正確に円をかく**ことです。円をかき始めたとき、あまり針の方に力が入り過ぎると線が薄くなってしまいます。一方、あまり鉛筆の方に力が入りすぎると、中心の針がずれてしまいます。

いずれにも力を入れすぎないバランス感覚が重要です。

4つめは，**円の最後の線をそろえる**ということです。最初は調子よく円をかいていたのに，最後の線がぴったりと重ならずにずれてしまう，ということはよく起こります。また，最後の方になるとコンパスを回しきれない，といったこともあります。

　これは，円をかき始める場所が左上であるために起こることです。円のかき始めを左下からにするとかなり解消できるので，指導の際に注意を与えるべきポイントです。

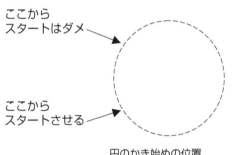

円のかき始めの位置

　最後に5つめですが，**コンパスのメンテナンス**についてです。コンパスには，いくつかのネジが使われています。このネジが緩んでしまったり，きつくなってしまったりすると，うまく円をかくことができません。

　苦手な子どもほど，メンテナンスができていない傾向があるので，先生の方であらかじめネジの締め具合を確認，調整してあげるとよいでしょう。

2つの三角定規を
使いこなすコツ

　前項では,ものさしやコンパスを単独で用いて図形をかく場面をみてみましたが,三角定規の場合,2つの定規を組み合わせて図形をかく場面が登場します。

　つまり,2つの三角定規を適切に操作したり,2つの定規を片手で押さえたりする活動が入ってきます。

　この意味で,三角定規は,ものさしやコンパスよりも一段レベルの高い活動と言えます。

　例えば,垂直な線をかく場合を考えてみます。

　1つの点Aと1つの直線⑦があって,点Aを通って,直線⑦に垂直な直線をかく場面での,2つの三角定規の使い方の手順は,以下の5つに分けることができます。

①1つの点Aを打ち,1つの直線⑦を引く。
②三角定規(1)を直線⑦に正しく重ねて,右手で強く押さえる。
③もう1つの三角定規(2)の直角のところを三角定規(1)にそろえて,左手で軽くスライドさせる。

④三角定規(2)が点Aのところに来たら、左手で三角定規(1)と三角定規(2)をしっかりと押さえて固定する。
⑤右手で鉛筆を持って、三角定規の線を軽くなぞる。

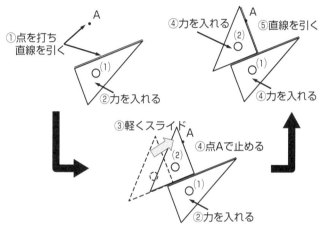

垂直な線を引く過程

次に、平行な線をかく場合を考えてみます。

1つの点Aと1つの直線㋐があって、点Aを通って、直線㋐に平行な直線をかく場面での、2つの三角定規の使い方の手順は、5つに分けることができます。

①1つの点Aを打ち、1つの直線㋐を引く。
②三角定規(1)を直角の位置を考えながら直線㋐に正しく重ね、右手でそれを強く押さえる。
③もう1つの三角定規(2)を三角定規(1)の直角のところにそ

ろえ，左手で強く押さえる。
④三角定規(1)の右手の力を抜いて，点Aのところまでスライドさせる。
⑤左手で三角定規(1)と三角定規(2)をしっかりと押さえ，固定する。
⑥右手で鉛筆を持って，三角定規(2)の線を軽くなぞる。

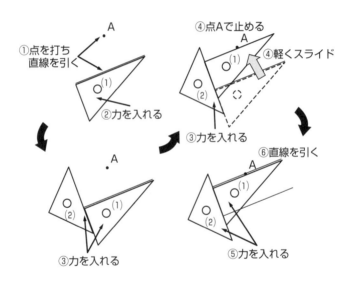

平行線を引く過程

　ここで重要なことは，**複雑な手順において，それぞれ力を入れる側の手を明確に指導し，子どもが習熟するまで，ていねいに練習させる**ということです。

こうした指導を行うことなく，単に三角定規の置き方やスライドのさせ方だけを指導すると，手の力の入れ方がうまくいかず，途中で三角定規がずれてしまったり，直線がゆがんでしまったりするのです。

作図には予測が不可欠

　様々な図形の作図において、予測する活動は重要です。では、作図活動における予測とは何を指すのでしょうか。

　作図活動における予測とは、三角形の作図場面で、コンパスを用いて辺の長さが一定になる円弧を2つかき、その交点が、あらかじめどのあたりにくるかを予測し、印をつけておく、といった活動です。

　例えば、1辺が5cmの正三角形を作図する場合を考えてみます。

①ものさしで5cmの辺を引き、この両端を点B、点Cとする。
②もう1つの頂点となる点Aの位置を予測して、薄く○をつける。
③コンパスで5cmの長さをとる。
④点Bと点Cにそれぞれ針を刺して円弧をかき、交点Aを求める。

⑤ものさしを,点Aと点B,点Aと点Cの上に重ね,それぞれ,鉛筆で直線を引く。

正三角形の作図における予測

　ここで重要なことは,**交点のおよその位置に○印をつけて,実際に交点がその中に入るかどうかを検証する**ということです。

　最初はうまく入らない場合もありますが,練習を重ねることで精度が上がってくるように指導することが大切です。図形を作図する前の段階で,ある程度完成した図形の形をイメージできるようになれば,とてもよいでしょう。

　また,底辺が5cm,斜辺が8cmの二等辺三角形の交点の予測の際に,①最初に底辺を引き,②底辺の真ん中付近で正三角形のときより上側,といった意識が芽生えるようになると,三角形の性質の理解にもつながります。

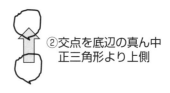

②交点を底辺の真ん中
正三角形より上側

①底辺を引く

5cm

二等辺三角形の作図における予測

次に,平行四辺形の作図について考えてみます。

平行四辺形は,分度器と三角定規で作図する場合と,分度器とものさしとコンパスで作図する場合があります。

平行四辺形の底辺が6cm,斜辺が4cm,その間の角が60°の場合,分度器と三角定規を用いると,次のような手順で作図します。

①三角定規で底辺6cmを引く。
②分度器で60°を測る。
③三角定規で斜辺4cmを引く。
④もう1つの頂点の位置を予測して,薄く○をつける。
⑤三角定規2つを用いて,底辺に平行で斜辺4cmの端を通るところに線を引く。
⑥三角定規2つを用いて,斜辺に平行で底辺6cmの端を通るところに線を引く。

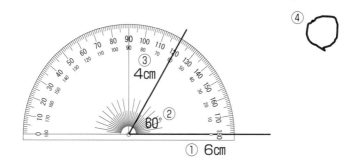

平行四辺形の作図における予測

　また，分度器とものさしとコンパスで作図する場合も，頂点の位置を予測して，薄く○をつけてから，コンパスで交点を求めるとよいでしょう。

　なぜなら，コンパスの円弧が交点付近だけで済み，作図のミスが少なくなるからです。

　重要なことは，**全体的な手順を大まかに頭に入れながら，一つひとつの作業の中での力の入れ方や予測の仕方を間違わずに行うまで練習する**ということです。

　最初は全体的な手順があいまいになりがちなので，①から⑥までの手順の簡単なマニュアルカードを作成し，それで確認しながら作業させるとよいでしょう。

図形の合同や拡大・縮小で大切にすべきこと

　2つの三角形が合同であるとは，対応する辺の長さがそれぞれ等しく，対応する角の大きさがそれぞれ等しいことを言います。

　では，ある三角形と合同な三角形を作図するためには，対応する3つの辺の長さと，3つの角の大きさの，合計6つの数値が必要なのでしょうか。

　実は，数値は合計3つだけで十分なのです。
　これを三角形の合同条件と言います。三角形の合同条件は，3種類あります。

　1つめは，**対応する3つの辺の長さがそれぞれ等しい**というものです。
　この意味は，3つの辺の長さを決めるだけで，対応する3つの角の大きさは調べなくても，必ず同じ大きさになるということです。

2つめは，**対応する2つの辺の長さがそれぞれ等しく，その間の角の大きさが等しい**というものです。

　この意味は，2つの辺の長さと，その間の1つの角の大きさを決めるだけで，もう1つの辺の長さと，2つの角の大きさは調べなくても，必ず同じ長さと大きさになるということです。

　3つめは，**対応する1つの辺の長さと，その両端の角の大きさがそれぞれ等しい**というものです。

　この意味は，1つの辺の長さと，その両端の2つの角の大きさを決めるだけで，もう2つの辺の長さと，1つの角の大きさは調べなくても，必ず同じ長さと大きさになるということです。

　重要なことは，**上記3つ以外のパターンを考えたとしても，合同な図形を作図することができないということを同時に扱っておく**ということです。

　例えば，2つの辺の長さがそれぞれ4cmと4cmで，その一端の角の大きさが60°の場合を考えてみましょう。

①底辺の4cmをかく。
②斜辺の4cmは角の大きさがわからないので，コンパスで4cmの円弧をかく。
③斜辺の4cmが決まっていないので，分度器を置く場所

が定まらない。

④円弧上の適当なところに分度器を置いたとしても，正しく三角形が作図できない。

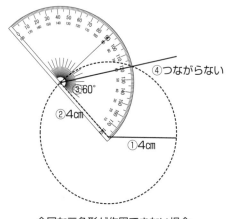

合同な三角形が作図できない場合

次に，図形の拡大・縮小ですが，2つの三角形が拡大・縮小の関係にあるとは，対応する辺の長さの比がそれぞれ等しく，対応する角の大きさがそれぞれ等しいことを言います。

では，ある三角形と拡大・縮小の関係にある三角形を作図するためには，対応する3つの辺の長さの比と，3つの角の大きさの，合計6つの数値が必要なのでしょうか。

ここでも，数値は合計3つだけで十分なのです。

1つめは，**対応する3つの辺の長さの比がそれぞれ等しい**というものです。

 2つめは，**対応する2つの辺の長さの比がそれぞれ等しく，その間の角の大きさが等しい**というものです。

 3つめは，**対応する1つの辺の長さの比と，その両端の角の大きさがそれぞれ等しい**というものです。

 このように，図形の合同の場合と同様に，すべての辺の長さの比や角の大きさがわからなくても，拡大・縮小した図形を作図することができるのです。

見取図から立体を
正しくイメージするのは
意外に難しい

　算数の教科書の中には，数多くの見取図が登場します。

　1年の形の仲間分けなどでは，様々な立体の見取図がかかれており，それらを立体の特徴によって分類するなどの学習がなされます。

　ところで，子どもたちは，見取図から正しく該当する立体をイメージすることができているのでしょうか。

　まずは，立方体の見取図を考えてみたいと思います。
　1辺が4cmの立方体の見取図は，次ページの図のようになりますが，このとき，奥行きの辺の長さは，前の辺の長さよりも短く，約0.6倍の2.4cmにしています。また，奥行きの線の角度は，およそ45°にしています。

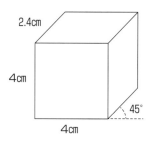

立方体の見取図

次に,円柱の見取図を考えます。

円柱の見取図は,下図のように示されていますが,上の面は楕円でかかれています。

このように,楕円でかかれたものから,実際には円であることを推測しなくてはなりません。

円柱の見取図

ですから,中には,円柱としてではなく,楕円柱としてとらえている子どももいるかもしれません。

重要なことは，**見取図と実際の立体を見比べながら，見る角度によって図形の形が変わっていくという活動をする**ということです。例えば，円柱の上面の位置からゆっくりと目の位置を側面の方に動かしていった際に，円柱の上の面が円から楕円に変化していく様子を観察させます。

目の位置をゆっくりと移動

　一方，立方体を動かして見取図の位置に置くことは，意外と簡単ではありません。前の辺を水平に保ったまま，側面と上面が見える位置は，なかなか見つけることができないのです。

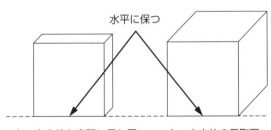

左：立方体を実際に見た図　　右：立方体の見取図

むしろ，等角投影法の場合の方が実際に立方体を見た場合と近いものになります。
　その意味では，立方体の見取図は，実際にそのように見えるというよりは，そのように見取図をかけば，立方体をイメージできるというように考えてください。

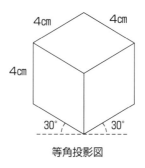

等角投影図

　なお，見取図の学習と並行して，展開図の学習が行われます。展開図の学習では，立体の構成要素のつながりが大切になります。
　つまり，面と面がつながっている辺はどれであるかとか，1つの頂点に集まっている面はどれであるかということを正確に読み取る力が必要です。
　これも，見取図での学習と関連させて，実際の立体を観察しながら，関係性を理解していく活動が大切です。

まわりくどくてもよいので文章を書かせる

　中学校の数学で難しいとされる学習内容の1つに，図形の証明があります。
　「△ABC と △DEF が合同であることを証明せよ」といったものです。

　多くの中学生が，「図形の証明問題は，何をすればよいのかわからない」と言います。
　仮定と結論（答え）がわかっていて，その間の証明（過程）をすることの意味がわからないのです。

　算数では，過程を細かく文章で書くことは，文章題や応用問題などで少し扱う程度で，多くの問題で答えを求めることが目的でした。それに対して，図形の証明問題では，答えがわかっている前提で，その過程を細かく文章で書くことが求められるわけです。

　このギャップを埋めるためには，小学校高学年の算数から，意識的に文章で書く練習を取り入れていくことが大切

です。

　これまで式と答えだけを書いていた問題であっても，そこに，**文章を混ぜて，文脈が通るような解答にしていくように指導する**とよいでしょう。

　その際に重要なのが，**長く書かせる**ということです。
　最初は，まわりくどい書き方になってもよいので，長い文章を書かせるようにすることを心がけるとよいでしょう。

　長い文章を書くことに抵抗がなくなってくると，次は，論理的に整理して書く段階へと進めていきます。
　その際に有効なのは，**接続詞の活用を意識させて，起承転結のある文章にする**ことです。

　次ページの接続詞の中から，学年に応じて，使える接続詞を増やしていくとよいでしょう。
　また，算数だけでなく，国語などとも連携しながら，文章を書く力を育てることが大切です。

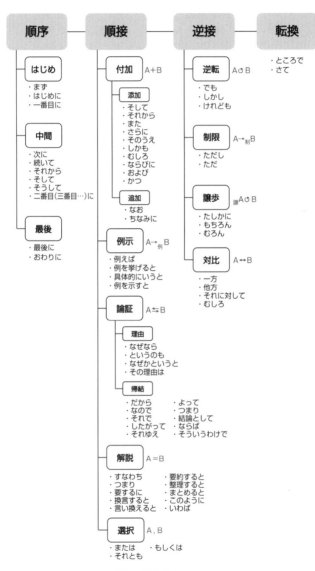

身につけたい接続詞群

第5章

数量関係の授業にかかわる9のこと

数量関係指導の3つの要点

　数量関係指導の要点は，次の3つにまとめることができます。

①**数，量，図形について，関数の考えを用いて，変化の特徴や相互の対応関係を理解させる。**
②**言葉，数，図，表について，式の考えを用いて，相互の関係性を正確かつ一般的に表すことができるようにする。**
③**具体的な資料について，資料を整理する考えを用いて，分類整理，表現，読み取りといったことができるようにする。**

　重要なことは，①から③までの内容をバランスよく配置して，指導計画を立てることです。特に，数量関係の①から③は，それぞれ独立した内容を扱っているので，抜け落ちがないよう，しっかりと扱ってください。

　①の関数の考えについては，異なる量が関連して変化することについて着目し，規則的な関係があることを理解し

ます。

具体的には,伴って変わる2つの量を見つけ出し,それが比例の関係であれば,$y=ax$ という式で関係性を表現できることを扱います。

②の式の考えについては,現実場面などにある事柄を式によって関連づけたり,正確に表現したりします。

具体的には,□×4＝12といった形で式を立てたり,□に数値を当てはめていくことで□の値を求めたりすることを扱います。

③の資料を整理する考えについては,目的に応じて資料を収集し,表やグラフなどを用いて,整理したり特徴を調べたりします。

具体的には,実際に資料を集めて,それを表にまとめたり,折れ線グラフや円グラフを用いて特徴を調べたりすることを扱います。

このように,数量関係の内容は,数と計算,量と測定,図形などとも密接に関連しています。式などでは,同じ内容を違った観点からとらえて考えていくということもしますので,他の領域との関係も踏まえながら指導計画を立てることが大切です。

低学年で伴って変わることを指導することの意味

　関数は，中学校数学の主要な内容の1つですが，苦手とする中学生が多くいます。中学生が一番わかりにくいと感じている点は，「伴って変わる」ということの意味です。

　1つの数字が変化すると，ある規則にしたがって，もう1つの数字が変化するということがうまく理解できないのです。ですから，小学校から伴って変わるという視点で様々な算数の内容をとらえておくことが大切になります。

　では具体的に，算数の中で，伴って変わるということにはどのような内容があるのでしょうか。伴って変わる量の学習は，1年から始まっています。たし算を例にすると，次のように考えることができます。

$$1 + 1 = 2$$
$$1 + 2 = 3$$
$$1 + 3 = 4$$
$$1 + 4 = 5$$

つまり，たす数（たし算の後ろの数字）が，1，2，3，4というように1ずつ増えていくと，答えはそれに伴って2，3，4，5というように1ずつ増えるというものです。

　もちろん，ひき算も同じように考えることができます。一つひとつのたし算，ひき算の計算ができるだけでなく，このように規則性をもって変わるという経験を，低学年から意識して行わせる必要があります。

　伴って変わる量と関連して重要なことがもう1つあります。それは，**ものとものとの対応関係があるということ**です。

　先ほどの例で言うと，1＋1という式に対して2という答えがただ1つ対応し，1＋2という式に対して3という答えがただ1つ対応するということです。

　これは意外と見落とされがちな点ですが，関数の基本になるところなので，しっかりと扱う必要があります。

　また，先のたし算の少し発展したものとして，九九を学習した後に，次ページのような例を扱っておくとよいでしょう。

　これは，たし算の両方の数（たされる数とたす数）を1，2，4，8というように2倍ずつにしていったものですが，それに伴って，答えも2，4，8，16と2倍ずつになります。3倍ずつにした場合も同様になります。

$$1 + 1 = 2$$
$$2 + 2 = 4$$
$$4 + 4 = 8$$
$$8 + 8 = 16$$

　次に,かけ算ですが,これは5年以降の比例の学習に大きく関連しますので,丁寧に指導する必要があります。具体的には,次のような場面になります。

$$3 \times 1 = 3$$
$$3 \times 2 = 6$$
$$3 \times 3 = 9$$
$$3 \times 4 = 12$$

　かける数(かけ算の後ろの数字)が,1,2,3,4というように1ずつ増えていくと,答えはそれに伴って3,6,9,12というように3ずつ増えるというものです。

　また,わり算では,規則性を見つけるのが少し難しいですが,次のような場面を取り上げるとよいでしょう。

$$12 \div 4 = 3$$
$$13 \div 4 = 3 \text{あまり} 1$$
$$14 \div 4 = 3 \text{あまり} 2$$
$$15 \div 4 = 3 \text{あまり} 3$$

これは，わられる数（わり算の前の数字）が，12，13，14，15というように1ずつ増えていくと，答えのあまりが，それに伴って0，1，2，3というように1ずつ増えるというものです。

　ここで注意しておくことは，わられる数が16になると，あまりが4となるのではなく，答えが3から4にかわって，あまりは0になるということです。

　　　　　　× 　16÷4＝3あまり4
　　　　　　○ 　16÷4＝4

　重要なのはこうした**複雑に伴って変わる量の関係を小学校で経験しておく**ことです。

　そのことが，伴って変わる量が一定でない中学校での2乗に比例する関数の学習などにおいても，スムーズな理解につながります。

反比例のグラフは
どうして曲線なのか

　6年で比例と反比例を学習します。比例のグラフはまっすぐな直線ですが，反比例のグラフは曲線になります。

　子どもに，「どうして反比例のグラフは曲線なの？」「本当は曲線ではなく，短い直線の集まりじゃないの？」と質問されると，答えに困ってしまうこともあります。
　6年にもなると，「そう決まっているから」といった返答では，なかなか納得してくれません。
　これらの質問に答えるためには，比例と反比例をしっかりと理解しておく必要があります。

　まず，比例ですが，2つの量 x と y があって，x の値が2倍，3倍，…になると，y の値も2倍，3倍，…になり，x の値が $\frac{1}{2}$, $\frac{1}{3}$, …になると，y の値も $\frac{1}{2}$, $\frac{1}{3}$, …になるとき，x は y に比例すると言います。

　身の回りには，一見，比例のように見えて，実際には比

例の関係でないものもあります。そこで，比例であるかどうかを見分ける際には，次の３点を確かめます。

① x の値が２倍，３倍（$\frac{1}{2}$，$\frac{1}{3}$）になるとき，y の値も２倍，３倍（$\frac{1}{2}$，$\frac{1}{3}$）になる。

② x の値が０のとき，y の値も０になる。

③ x の値が小数の場合も，それに対応する y の値が必ず１つある。

①～③をグラフで説明すると，下のようになります。

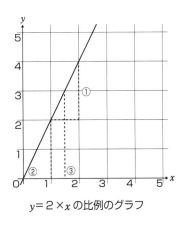

$y=2\times x$ の比例のグラフ

次に，反比例ですが，２つの量 x と y があって，x の値が２倍，３倍，…になると，y の値は $\frac{1}{2}$，$\frac{1}{3}$，…になり，

第５章 数量関係の授業にかかわる９のこと　167

xの値が$\frac{1}{2}$, $\frac{1}{3}$, …になると，yの値は2倍，3倍，…になるとき，xはyに反比例するといいます。

反比例であるかどうかを見分ける際には，次の3点を確かめます。

① xの値が2倍，3倍（$\frac{1}{2}$, $\frac{1}{3}$）になるとき，yの値は$\frac{1}{2}$, $\frac{1}{3}$（2倍，3倍）になる。

② xの値が0に近づくとき，yの値は限りなく大きくなる。

③ xの値が正の小数の場合，それに対応するyの値が必ず1つある。

①〜③をグラフで説明すると，下のようになります。

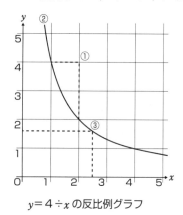

$y = 4 \div x$の反比例グラフ

最後に,反比例のグラフが曲線になることについてですが,対応する各点をグラフに打っていくと,何となく曲線の感じになります。

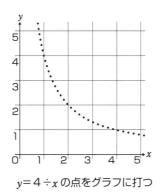

$y=4\div x$ の点をグラフに打つ

　しかし,このままでは短い直線をつないだものかもしれません。そこで限りなく近い2つの点を結んだとして,その間の点をとると,直線とは少しずれたところになります。

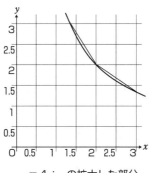

$y=4\div x$ の拡大した部分

第5章　数量関係の授業にかかわる9のこと

いろいろなグラフを使い分ける理由

3年で棒グラフ,4年で折れ線グラフ,5年で円グラフ,帯グラフを学習しますが,これらは用途に応じて使い分ける必要があります。つまり,適当に選ぶのではなく,**取り上げる内容に応じてグラフを選ぶ必要がある**のです。

例えば,棒グラフは,けが調べなどにおいて,どの場所でけがをしたかをしめすようなグラフとして用います。つまり,**となりの項目との関係は,基本的にはないという場面で用いるグラフ**なのです。

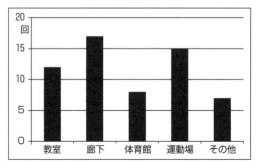

1週間のけが調べ(場所別)

例えば，教室と廊下の間を折れ線でつないだとしても意味がない場合は，基本的には棒グラフを用いるということです。

　けが調べの場合，場所別だけでなく，曜日別のグラフをつくることも可能です。曜日別グラフの場合も，月曜日と火曜日の間という曜日はありませんので，棒グラフを用いるとよいでしょう。

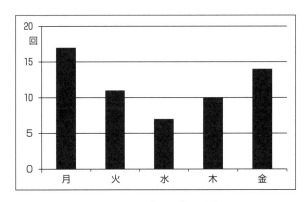

1週間のけが調べ（曜日別）

　一方，折れ線グラフは，**隣の項目とそれなりの関係があるというグラフ**です。つまり，1時間ごとの気温の変化などは，10時や11時の気温だけなく，10時10分や10時20分の気温も存在しますし，折れ線の間の線上が，それらの時刻の気温を反映していると言えます。

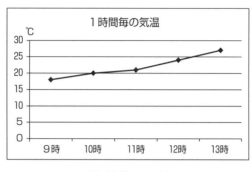

折れ線グラフの例

次に、5年で扱う円グラフと帯グラフについて取り上げます。

まず、円グラフですが、全体の100%が円1周分なので、**それぞれの項目が全体（円1周）の中のどれぐらいの割合を占めるかを知りたいときによく用いられます。**左は、小麦の国別生産量（715百万トン）で、右はトウモロコシの生産量（1018百万トン）です（平成26年）。

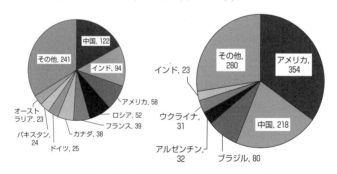

円グラフの例（グラフ内の数字は100万トン）

具体的には,農産物が,どの国でよくつくられているのかを表す場合などです。ただし,全体の生産量は,円グラフではわかりにくいですので,他の種類と比較する場合などは,円の半径を変えることで全体量を示す場合があります。

　一方,帯グラフは,1つの項目の割合を示すというよりは,**複数の項目の割合の違いを示す際に有効なグラフ**といえます。

　具体的には,10代,20代,30代,40代の主なメディアの平日利用時間（総務省情報通信白書,平成27年版）のように,年代が異なると,意識が違ってくるといったことを示すのに適したグラフです。

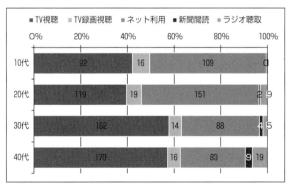

帯グラフの例（グラフ内の数字は分）

実は大事な不等号

　日本語では，等号の「＝」を「〜は，〜」と呼ぶので，左辺が主語，右辺が述語の関係になっています。そのため，子どもたちは，「＝」を「→」としての一方向を示す記号としてとらえがちです。

　本来，等号の「＝」は，右辺と左辺が等しい大きさの関係にあることを示す記号なのですが，中学校の等式の性質の学習まで，それに気づかない子どもが多くいます。

　そのため，小学校での文章題の立式では，次のような間違いが目立ちます。

$$25+30=55-10=45$$

　正しくは，下記のように分けて書かないといけません。

$$25+30=55 \quad 55-10=45$$

また，横にどんどんと式をつなげて書くのではなく，「＝」を縦にそろえて書いていくようにすると，先ほどのようなミスが少なくなります。

$$25 + 30 = 55$$
$$55 - 10 = 45$$

　もう1つ重要なことがあります。
　それは，不等号を積極的に取り入れるということです。**不等号は，等号のような一方向を示す記号としてではなく，右辺と左辺の大小関係を示す記号としての意味を強くもっている**からです。

　そのため，右辺と左辺に数値や数式がある状態で，双方の大小関係を考えながら＜，＞を最後に記入するという指導を行っていきます。
　具体的には，次のような問題を積極的に取り入れます。

$$3 + 1 \square 5$$
$$3 + 2 \square 5$$
$$3 + 3 \square 5$$

　上記の式の□の中に，それぞれ＜，＝，＞などを入れる学習を繰り返すことで，等号や不等号は，右辺と左辺の関係を示す記号であることの理解が深まっていきます。

等号や不等号の扱いに慣れてきたら，次の段階として，右辺に＋や－の入った式を取り上げます。

　具体的には，次のような問題です。

$$5\ \square\ 3+1$$
$$5\ \square\ 3+2$$
$$5\ \square\ 3+3$$

　上記の式の□の中に，それぞれ＜，＝，＞などを入れる学習を繰り返します。子どもたちは，これまでの経験から，左辺は＋や－の入った式，右辺は答えという考えが強く入り込んでいます。

　しかし，学年が上がれば，右辺にも＋や－のある式が数多く出てきますので，これまでの固定概念を早い段階で崩してあげることが大切です。

　また中学校では，下記のような式変形は当たり前にできなくてはいけませんので，式に対する正しいとらえ方を指導することが重要です。

$$x-3=5$$
$$x-3+3=5+3$$
$$x=5+3$$
$$x=8$$

最後に，右辺と左辺の両方に＋や－の入った式を取り上げます。

具体的には，次のような問題です。

$$3 + 2 \square 2 + 2$$
$$3 + 2 \square 2 + 3$$
$$3 + 2 \square 2 + 4$$

この場合，右辺も左辺も式の状態ですが，右辺と左辺の大小関係を決めることができるという経験をさせておくことが大切です。

日本の教科書では，3年で不等号が取り上げられますが，あまり強調した取り上げ方はしていません。ですので，先生が意識して不等号の学習を随所に入れていくことで，等号の正しい意味理解にもつながっていくと言えます。

また，中学校以降の学習にも役立ちます。

式にはどんな種類があるのか

　式は，1年から継続的に学習しますが，式にはどんな種類があるのかということについては，あまり意識していません。

　ここでは，式の種類を整理して，式に対する深い理解につなげていきたいと思います。

　まず，式は等号や不等号のついていないものと，ついているものの2つに大別することができます。

　等号や不等号のついていない式を，フレーズ型と呼びます。

　等号や不等号のついている式を，センテンス型と呼びます。

　フレーズ型は，文字を含まないものと文字を含むものに分けることができます。

　文字を含まない式には，下記のようなものがあります。

$$1+4 \quad 2\times 3 \quad 42\div 9 \quad 4.5+2.3\div 2$$

文字を含む式には,下記のようなものがあります。

$$x+5 \quad 2x \quad x \div 3$$

次に,センテンス型も,文字を含まないものと文字を含むものに分けることができます。

さらに,等号のものと不等号のものに細分化されます。

文字を含まない等号の式には,下記のようなものがあります。

$$1+4=5 \quad 2 \times 3=6 \quad 42 \div 9=4 \text{あまり} 6$$

文字を含まない不等号の式には,下記のようなものがあります。

$$1+4<6 \quad 2 \times 3>4 \quad 42 \div 9<5$$

文字を含む等号の式には,下記のようなものがあります。

$$x+5=8 \quad y=2x \quad x \div 3=9$$

重要なのは,様々な式の種類を正しく整理して理解することと,計算練習プリントなどで,「2＋3＝」といった記述の場合は,式としては中途半端な状態で書かれたものだということを踏まえておくことです。

文字には2つの意味と3つの役割がある

　数字から文字へのスムーズな移行は，算数の学習の中でも非常に重要なことです。しかし，子どもたちにとって文字は，理解するのが難しい内容とされています。

　そこで，文字の2つの役割と3つの意味をしっかりと理解し，指導に生かしていくことが大切です。

　まず，文字の2つの意味について説明します。

　文字には，**「空席記号」としての意味と，「代表記号」としての意味**とがあります。

　文字の空席記号としての意味とは，**その文字の中に，いろいろな数字を入れることができ，確かめることができるということ**です。

　例えば，$x+3=6$ について，この x に様々な数を代入していく場面を考えてみます。そうすると，次のようになります。

$x=1$ を代入すると，$1+3 \neq 6$
$x=2$ を代入すると，$2+3 \neq 6$
$x=3$ を代入すると，$3+3 = 6$
$x=4$ を代入すると，$4+3 \neq 6$

このように，x が空席で，様々な数字の入る可能性があるということを，空席記号としての意味と呼びます。

次に，代表記号としての意味とは，**x にどのような数字が入るかどうかは不明であっても，代表としての文字を用いて式変形が可能であるということ**です。

ここでも，$x+3=6$ を例にすると，次のようになります。

$$x+3=6$$
$$x+3-3=6-3$$
$$x=3$$

ここでは，3を右辺に移項する式変形ですが，このとき，x がどのような数値であるかは考えずに，数値全体を代表するものとして x が用いられています。

文字は，この2つの意味をもっています。ただし，指導に際しては，空席記号の意味が強調される傾向にあるので，代表記号としての意味もしっかりと指導する必要があります。

次に，文字のもつ3つの役割について説明します。

文字のもつ役割は，文字が取り扱われる領域によって異なってきます。

まず，1つめが，関数の場面などで用いられる**「定数としての文字」**の役割です。その例としては，次のようなものがあげられます。

$$y = a \times x \text{ の } a$$

このように，a は決まった数値であり，x や y のように刻々と変化するわけではないけれども，各現象によって a は異なるものと言えます。

2つめが，方程式の場面などで用いられる**「未知数としての文字」**の役割です。その例としては，次のようなものがあげられます。

$$2x + 3 = 7$$
$$2x + 3 - 3 = 7 - 3$$
$$2x = 4$$
$$x = 4 \div 2$$
$$x = 2$$

ここでは，xは変化するものではなく，既に決まった数値であるけれども，式変形をすることによって，具体的に求めることができるものといえます。

　3つめが，関数の場面などで用いられる，**「変数としての文字」**の役割です。その例としては，次のようなものがあげられます。

$$y = ax + b \text{ の } x \text{ や } y$$

　ここでのxやyには，すでに決まった数値だけに入る余地があるというのではなく，xに様々な数値を代入した際に，どのようなxとyの値の関係になるのかが問題となります。

　重要なことは，**文字には，空席記号と代表記号の意味があり，使用される状況によって，定数，未知数，変数などの役割が異なることを理解する**ということです。

　小学校では，文字に様々な数値を当てはめてみるというところからスタートすることからも，まずは，変数としての役割を基本として，定数としての役割や，未知数としての意味につなげていくことが大切です。

グラフの特徴を示す2種類の数字

　6年で学習する統計の内容は、それほど難しいものではありませんが、先生の方がデータの読み取り方をしっかりと理解しておくことが大切です。

　例えば、10名の国語のテストの点数を上位から順に並べてみます。

　　　92　89　79　77　75　68　62　60　52　46

　これを10点ごとに区切ったグラフにすると、次のようになります。

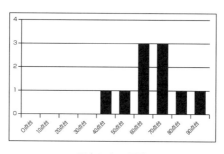

10点ごとの区分

184

まず、グラフを読み取るとき、その特徴を示すのは、1つが**「代表値」**で、もう1つが**「散布度」**です。

代表値とは、**グラフの特徴を1つの数値で表したもので、平均値、中央値、最頻値などがあります。**

このうち、小学校で扱うのは、平均値です。

平均値とは、すべての値を加算して、個数でわった値のことです。クラスの英語のテストの平均点を算出するなど、最もなじみ深いものと言えます。

一方、中央値とは、集団を値の大きいものから順に並べていき、全体の個数が奇数の場合はその真ん中の値を、偶数の場合は真ん中2つの値をたして2でわった値を言います。

この場合、平均値は、$(92+89+79+77+75+68+62+60+52+46) \div 10 = 70$ となります。

中央値は、全体の個数が偶数なので、上から5番目の75と6番目の68を取り出し、$(75+68) \div 2 = 71.5$ となります。

最頻値とは、ある一定の値の枠毎に区分し、最も多くの個数が入った枠の値を言います。

よく用いるのが、マンションなどの最多販売価格帯というもので、実際にはそれよりも高い物件が数多くありますが、価格帯の設定により、安い物件が多いような勘違いを

する場合もあります。もちろん、算数的には間違いではありません。

　グラフを見る際に、もう1つ、大切な数字があります。それが散布度と言われるものです。
　散布度とは、**グラフの離れ具合を1つの数値で表したもので、範囲、四分位範囲、標準偏差**などがあります。
　小学校では、これらを具体的には扱いませんが、グラフを調べる際に非常に重要な考えです。

　範囲とは、数値の最大値と最小値を取り出し、最大値から最小値をひいた値です。
　先ほどの、10人の国語のテスト得点のグループで言えば、92と46を取り出し、92－46＝46が範囲となります。
　一方、最高得点が90点、最低得点が65点のグループの場合であれば、90－65＝25が範囲となります。

　このように、どちらの散らばり具合が大きいかを数字で示したものが範囲ですので、上記の場合は、92点と46点のグループの方が散らばり具合が大きいと言えます。

　四分位範囲とは、値を小さいものから順に並べていき、四等分したところの75％、25％の2つの値をひき算した数字です。
　75％の方は79点で、25％の方は60点ですので、79－60

＝19が四分位範囲となります。

　標準偏差とは，平均値からのそれぞれの値の離れ具合を2乗したものをたし，それを値の個数でわって平方根をとった値です。

$(92-70)^2 + (89-70)^2 + \cdots + (46-70)^2$
$= 22^2 + 19^2 + \cdots + 24^2$
$= 484 + 361 + \cdots + 576$
$= 2068$

　これを値の個数である10でわると，約207となり，その平方根をとると，標準偏差は14.4になります。

　少しややこしいですが，平均の70に，この標準偏差14.4をたした数とひいた数の間に，全体の値の個数のうちおよそ$\frac{2}{3}$個が入ります。実際，84.4から55.6の間には，10個の値のうち，79，77，75，68，62，60の6つの値が入っています。

　重要なことは，グラフを代表値と散布度という2つの観点からみると，そのグラフの特徴が示せるということを，具体的な数値を用いて体験させるということです。

実際にデータを
分析するときのコツ

　様々なデータを収集・分析する分野のことを，統計学と言います。統計の内容は，高等学校の数学に大幅に取り入れられています。

　他の国のカリキュラムと比較すると，日本の統計教育は，これまであまり積極的に行われてきませんでした。
　しかし，現在ではビッグデータの集積・整理・分析から新たな発見をするなど，統計分野の重要性は高くなってきています。

　小学校でも，6年の「資料の整理と読み」で，次のような取り組みを行っていくことが求められています。

　重要なことは，与えられたデータをグラフにするだけでなく，統計の基礎として，下記の①から⑤のような一連のプロセスを学習させることです。

①問題の設定
　どのようなデータを対象に，何を明らかにするのか
②データ収集の計画
　どのような手順でデータ収集から，分析までを行うのか
③データの収集
　データの範囲の設定，データ件数，データの精度
④データの分析
　分析の方法，実際の分析，結果の整理
⑤明らかになったこと
　考察，新たな課題

　例えば，「けが調べ」の内容の場合，次のような一連の学習活動となります。

①問題の設定
　A小学校では，6月にけがをして保健室に行く子どもが多いように感じるが，実際にはどうなのかを調べてみよう。

②データ収集の計画
　保健室には，けがや病気のために児童が訪れたことの記録があります。それをもとに，表やグラフなどにしながら調べてみよう。

③データの収集
　4月から6月までのけがで保健室を訪れた児童のデータ

を収集します。その際,けがをした月日と曜日と時刻,学年,けがをした場所,けがの内容のデータを記録します。

④データの分析

月ごとにけがの回数を調べます。さらに,曜日,学年,けがをした場所・内容の中で特徴的なことはないか調べます。

⑤明らかになったこと

Ａ小学校では,６月に教室や廊下でのけがが増えていることがわかりました。

その理由としては,６月は雨が多いので休み時間に教室内や廊下で遊ぶことが多いために,けがが多発していると考えられます。

【著者紹介】

黒田　恭史（くろだ　やすふみ）

大阪教育大学大学院修士課程修了，大阪大学大学院博士後期課程修了。博士（人間科学）。大阪府内の公立小学校教員として8年間勤務し，その後，佛教大学講師，助教授，准教授，教授の後，現在，京都教育大学教授。小学校教員，中・高等学校数学教員養成に従事。

小学校教員時代に，クラスで豚を飼う実践を3年間行い，その記録は『豚のＰちゃんと32人の小学生』（ミネルヴァ書房）として出版し，妻夫木聡氏主演の映画『ブタがいた教室』（2008年）として全国に公開された。

編著書に，『数学教育実践入門』（2014年，共立出版），『数学教育の基礎』（2011年，ミネルヴァ書房），『数学科教育法入門』（2008年，共立出版），『初等算数科教育法』（2010年，ミネルヴァ書房）などがある。

本当は大切だけど，誰も教えてくれない
算数授業50のこと

2017年2月初版第1刷刊　©著　者　黒　田　恭　史
　　　　　　　　　　　　発行者　藤　原　光　政
　　　　　　　　　　　　発行所　明治図書出版株式会社
　　　　　　　　　　　　　　　　http://www.meijitosho.co.jp
　　　　　　　　　　（企画）矢口郁雄　（校正）大内奈々子
　　　　　　　〒114-0023　東京都北区滝野川7-46-1
　　　　　　　振替00160-5-151318　電話03(5907)6701
　　　　　　　　　　　ご注文窓口　電話03(5907)6668
＊検印省略　　　　　　　組版所　長野印刷商工株式会社

本書の無断コピーは，著作権・出版権にふれます。ご注意ください。

Printed in Japan　　　　ISBN978-4-18-173920-1
もれなくクーポンがもらえる！読者アンケートはこちらから →

小学校 算数の授業づくり はじめの一歩

Ozaki Masahiko
尾﨑 正彦

小学校算数の授業づくりの基礎・基本

「分数のわり算は、わる数をひっくり返してかけるんだよ」と説明するのは簡単。でも、本当にそれで算数を教えたことになるの？ 子どもの素直なつぶやきに耳を傾けながら、能動的な学びに導く授業のつくり方を徹底解説。板書の仕方から話し合いの導き方まで全てわかる！

176 ページ 四六判 1,800 円+税 図書番号 ：2031

もくじ

- 第1章 あなたの算数授業、本当にそれで大丈夫ですか？
- 第2章 算数の学力って、何ですか？
- 第3章 授業の成否は始まる前に決まっている!?
- 第4章 算数授業の"型"に疑いの目を向けてみよう
- 第5章 子どもの「問い」を引き出す課題提示の工夫
- 第6章 子どもの思考が連続する話し合いの工夫
- 第7章 形だけにしないまとめの工夫
- 第8章 ノート指導の良し悪しで学力の伸び方は大きく変わる
- 第9章 板書は常に子どもの立場で考える
- 第10章 教科書の扱い方ひとつで授業は大きく変わる
- 第11章 テストの限界と可能性を知る
- 第12章 発表・説明の工夫で全員参加の授業を目指そう
- 第13章 しかけと価値づけで能動的な学習態度を育てよう
- 第14章 想定外への対応力を磨き何でも言える授業をつくろう

算数の授業のことが **全部わかる！**

明治図書　携帯・スマートフォンからは **明治図書 ONLINE へ**　書籍の検索、注文ができます。 ▶▶▶

http://www.meijitosho.co.jp　＊併記4桁の図書番号（英字字）でHP、携帯での検索・注文が簡単に行えます。

〒114-0023　東京都北区滝野川7-46-1　ご注文窓口　TEL 03-5907-6668　FAX 050-3156-2790

＊価格は全て本体価格表示です。